남극, 어디까지 알고 있니?

이트카(Jitka)를 위하여

MINISTRY OF CULTURE CZECH REPUBLIC This publication has been supported by the Ministry of Culture of the Czech Republic.

남극,
어디까지
알고 있니?

다비드 뵘 글 · 삽화
김경옥 옮김

두레아이들

남극 기지
56~59
뱃멀미
36~39
남극
생물
26~27
지표면
42~43
남쪽
미지의 땅
10~11
해수면
아래
32~33

차례

둥근 구(球)는 시작도 없고 끝도 없다.
지구도 그렇다.
그럼 세상은 어디서 시작하고
어디서 끝나지? 음… 여기 아래?

우리 이야기는 알파벳 첫 글자, 안타르티카(Antarctica)의 'A'부터 시작해 보자. 안타르티카, 즉 남극은 지구에서 다섯 번째로 큰 대륙이며, 사람이 한 번도 살지 않았던 유일한 대륙이다. 남극은 나라가 아니라 땅덩어리다. 그럼 누구 땅이지? 잠깐만! 땅에 꼭 주인이 있어야 할까? 그럼, 바다는? 하늘은? 항상 모든 게 '누구의 것'이어야 할까? 남극은 다르다. 모든 인류의 땅이다. 남극은 황무지다. 하지만 세상 그 어느 곳보다 중요한 의미를 지닌다. 그중 하나만 말하면, 남극은 전 세계 날씨에 영향을 미친다. 다시 말해 남극은 지구 아래쪽의 그저 눈 덮인 땅덩어리가 아니다. 그 이상이다.

잠깐만!

여기 아래가 정말 아래야?
무엇을 기준으로, 누구를 기준으로?

?

잠깐만, 지구 아래쪽? 정말 아래쪽일까? 좋아, 아래쪽이라고 하자! 그럼 먼저, 아래란 무엇을 뜻할까? 7쪽에 있는 흰 점은 아래에 있을까, 아니면 위에 있을까? 책을 뒤집어서 보면 어디에 있을까? 책이 머리 위에 있다면 어떻게 되지? 여전히 점은 아래에 있을까? 고층 건물 꼭대기에서 책을 거꾸로 보면 어떻게 되지? 위에 있을까, 아래에 있을까? 거리에 서 있는 친구에게는 어떨까? 우리가 위, 가까이, 멀리 등과 마찬가지로 아래라고 할 때는 항상 기준점이 있다. 주로 질문을 하는 곳이 기준점이 된다. 그럼 이 끝없는 공간에 또 다른 기준점은 뭐가 있을까?

A

안타르티카(Antarctica)의 에이(A)

고대 그리스인들은 세계가 평형 상태에 있다고 생각하여 대륙들 또한 균형을 이루고 있다고 믿었다. 그래서 자신들의 아래쪽 어딘가에, 비록 그 존재는 증명하지 못했지만, 거대한 땅덩어리가 있을 것으로 생각했다. 심지어 이름까지 지어 놓았다. 지금도 이 사실을 자랑스러워한다. 그리스인들은 밤하늘을 관찰하다가 발견한 별에도 이름을 붙였다.

그 덕분에 우리는 큰곰자리와 그 일부인 북두칠성, 그리고 그 별들을 이어서 따라가면 북극성이 있다는 것을 안다. 북극성은 북쪽을 가리키고 있어서 육지나 바다에서 길을 찾을 때 중요한 별자리다. 큰곰자리 아래 북쪽 지역 전체를 북극(arctic)이라고 부른다. 이것은 곰이라는 뜻의 그리스어 '아르크토스(arktos)'에서 나왔다. 그리고 큰곰자리 반대쪽, 즉 남쪽을 '안트아르크티에(antarktie)'라고 불렀다. 이 단어에서 바로 남극(antarctic)이라는 단어가 나왔다.

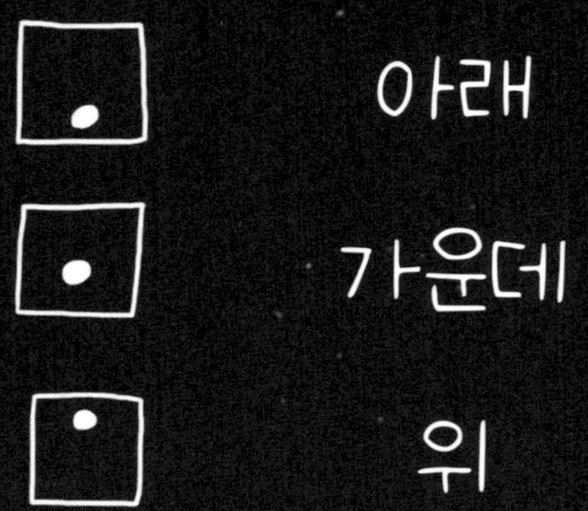

점이 네모난 틀에 있을 때는 그 위치를 밝혀 정할 수 있다.
그런데 틀이 없을 때는 어떻게 하지?

세상을 볼 때 우리가
사용하는 틀은 어떤 것인가?

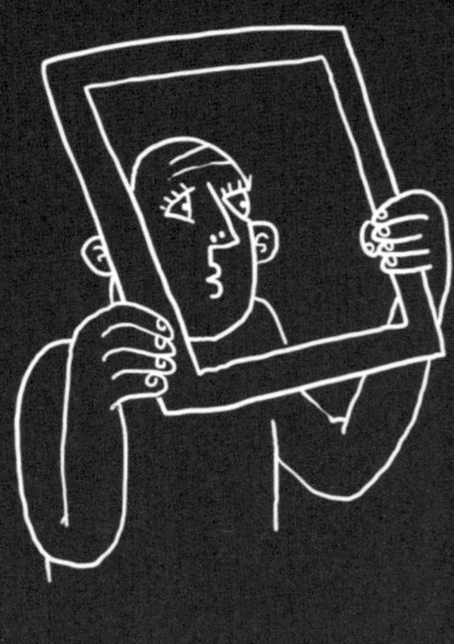

!

고대 그리스인은 남극에 가 본 적이 없었다. 다만 그곳은 그들이 아는 세상과 반대로 모든 것이 거꾸로 작동하는 곳이며, 괴물들이 우글대는 땅이라고 상상했다. 괴물이 사는 곳이라는 상상은 잘못됐지만 모든 게 반대로 작동한다는 생각은 딱 맞았다. 그럼, 남극의 다른 점은 뭘까? 남극에서는 사람들이 어떻게 행동해야 하는지를 전 세계가 협의한다. "전쟁 금지, 자원 채취 금지, 영토 점유 금지, 학술연구 결과 공유." 어쩌면 나머지 세상이 거꾸로 되었고 남극이 정상인 게 아닐까? 만약 그렇다면 그건 아마 사람이 남극에 지속해서 살았던 적이 없었기 때문이 아닐까? 사람이 모이면 문제가 생기게 마련이니까….

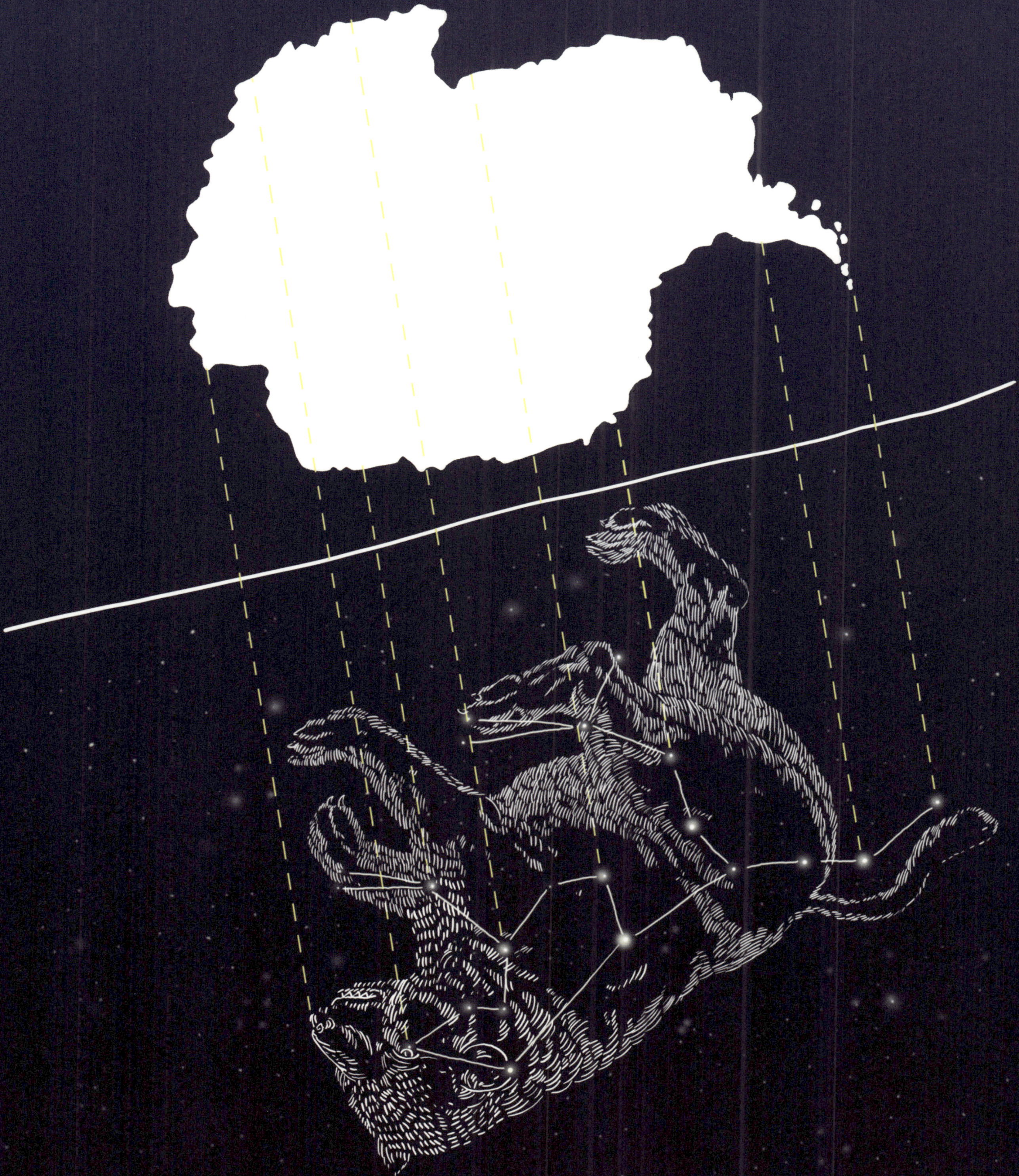

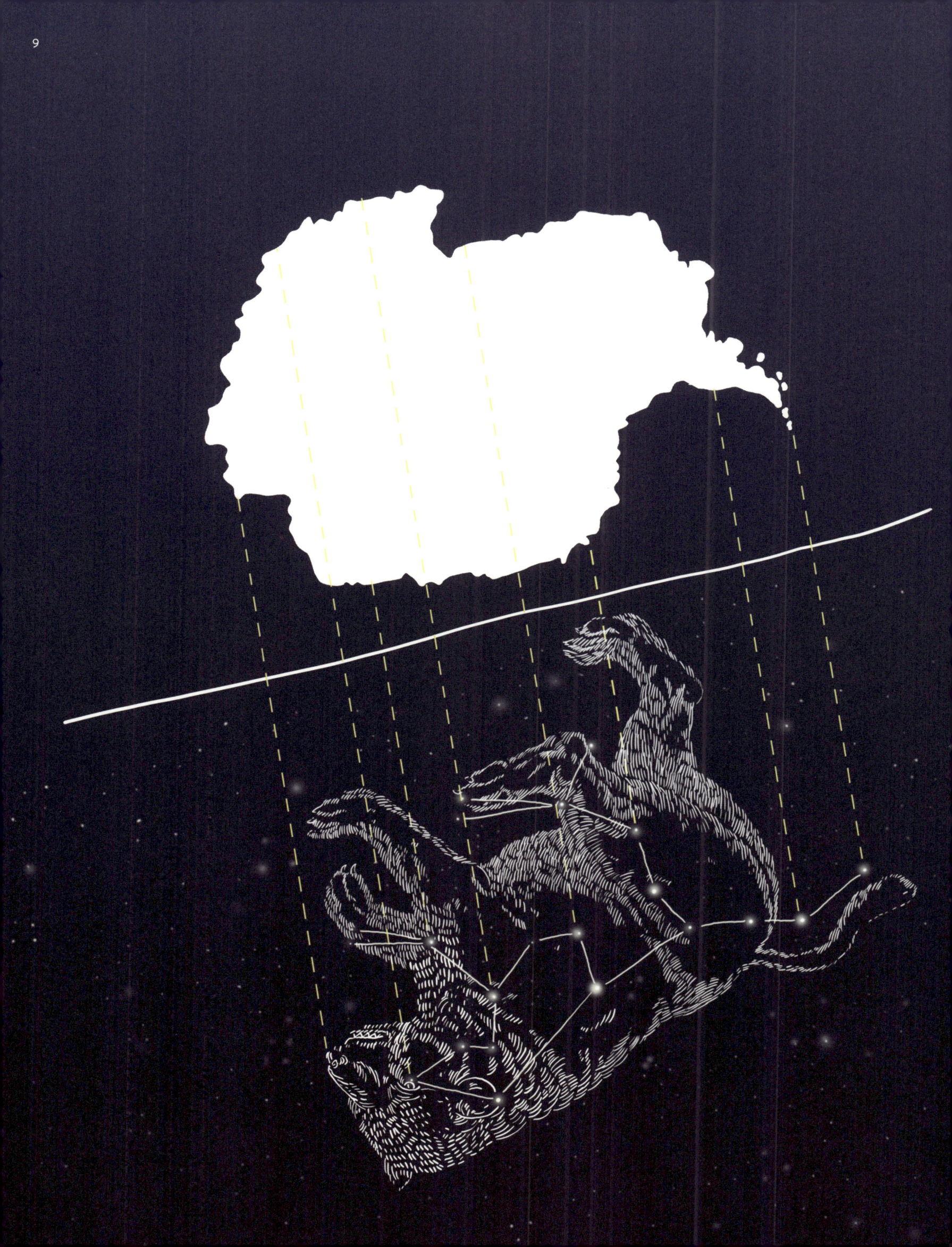

곤드와나에서 테라 아우스트랄리스까지

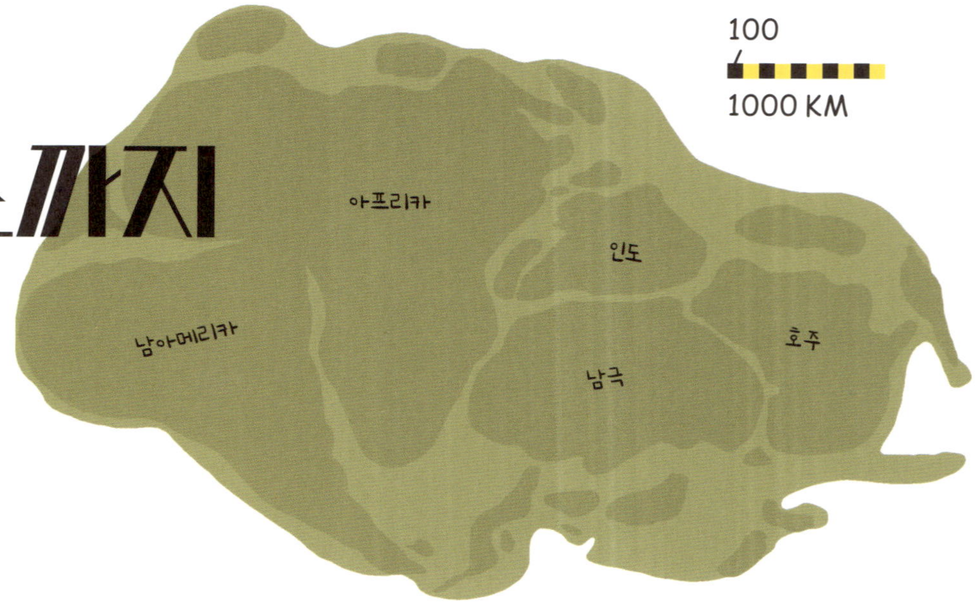

지각을 형성하는 지질구조판(지구의 겉을 둘러싸는 두께 100km 안팎의 암석 판—옮긴이)은 거대한 여러 암석권이다. 높은 암석권이 대륙이며, 낮은 암석권에는 바다가 있다. 지질구조판은 손톱, 발톱이 자라는 정도의 속도로 계속 움직인다. 판들이 서로 부딪치는 곳에서는 지진이 일어나고 화산이 폭발한다. 약 1억 8천만 년 전의 남극 대륙은 따뜻했고 그곳에 생물이 살았다. 현재 남반구의 모든 대륙이 원시 슈퍼대륙인 곤드와나에 포함되어 있었다. 그러다 시간이 흐르면서 하나씩 곤드와나에서 떨어져 나갔다. 아프리카 대륙이 가장 먼저 분리되었고, 인도와 호주와 남아메리카 대륙이 차례대로 떨어졌다. 마지막으로 남은 대륙이 남극이다. 남극에서 나온 화석 덕분에 예전에 어떤 동물과 식물이 이곳에 살았는지를 연구할 수 있었다. 옛날에 알려지지 않은 장소를 지도에 표시할 때는 라틴어로 "이곳에 사자가 있다(HIC SUNT LEONES)"라고 적었다. 그런 곳은 '용기가 있는 자들을 위한 곳'이라는 뜻일 것이다. 또는 "미지의 땅(TERRA INCOGNITA)"이라고만 표시하기도 했다. 지구 남쪽에 어떤 대륙이, 어떤 땅이 있는지는 오랫동안 밝혀지지 않았다. 그래서 15~18세기 지도 제작자들은 지도에 대강의 모습을 그려 놓고 라틴어로 "남쪽 미지의 땅(TERRA AUSTRALIS INCOGNITA)"이라고 적어 놓았다. 이런 남쪽 미지의 땅의 존재를 아리스토텔레스와 프톨레마이오스도 이미 예측했었다. 하지만 그것을 직접 사람의 눈으로 보기까지는 수 세기가 걸렸다. 선박과 해양 기술이 발달하면서 지도 위 흰 공백은 차츰 줄어들었다. 그래도 남극을 둘러싼 빙산을 뚫고 항해한다는 것은 거의 불가능한 일이었다.

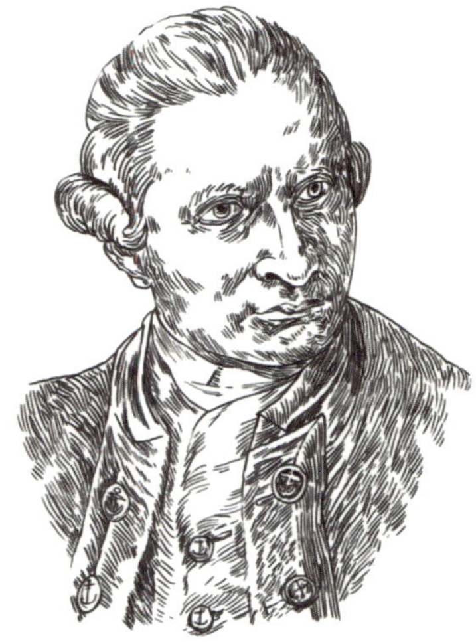

제임스 쿡
(James Cook, 1728~1779)

역사상 최초로 남극권에 발을 디딘(남극권을 횡단한) 사람은 영국의 제임스 쿡 선장이다. 이 유명하고 용감한 항해사는 자신 앞에 펼쳐진 빙산을 보며 이렇게 말했다고 한다. "감히 단언컨대 나보다 더 멀리 갈 수 있는 사람은 없을 것이다. 아마 저 앞에 있을 것으로 추정되는 남쪽 땅은 결코 탐사되지 못할 것이다. 한 치 앞도 볼 수 없게 만드는 안개와 눈보라, 강추위를 만나게 될 것이며, 항해를 불가능하게 하는 여러 문제에 부딪히게 될 것이다. 게다가 입이 떡 벌어지는 놀라운 광경 앞에서 어려움이 몇 배가 될 것이다."

약 5,300만 년 전 남극에는 야자나무가 자랐다. 탐사 작업을 하다가 발견한 꽃가루 알갱이로 입증되었다.

1593년에 네덜란드 사람인 헤라드 데 요데와 그의 아들 코르넬리스가 만든 남극 지도이다. 원본은 프라하 국립도서관에 보관되어 있다. 흥미로운 점은 아직 아무도 남극에 가 본 적이 없던 시대에 그린 지도라는 사실이다. 거기에 남쪽 미지의 땅이라고만 표시했다. 더군다나 우주에서 내려다본 지구 모습이라는 점도 흥미롭다. 그 당시로는 놀랄 만한 상상력이 아닐 수 없다. 오늘날 관점에서 보면 낡은 방식에다 정확도도 떨어지지만, 그건 문제로 보이지도 않는다.

가장 추운 곳

남극이 춥다는 사실에 놀랄 사람은 아무도 없을 것이다. 남극 대륙은 거의 눈으로 뒤덮여 있고, 내륙이 훨씬 더 춥다. 겨울 기온은 섭씨 영하 40℃~영하 70℃이며, 여름에는 영하 10℃~영하 40℃이다. 남극의 겨울은 5월부터 10월까지인데, 이 시기 북반구는 여름이다. 역사상 최저기온은 1983년 7월 21일에 보스토크 기지에서 관측된 영하 89℃이다. 최고기온은 2015년 3월 23일에 제임스로스섬에 있는 체코 멘델로바 기지에서 관측되었는데, 온도계 수은주가 섭씨 17℃까지 올라갔다(2020년 2월에 남극 반도 끝에 있는 아르헨티나 기지 '에스페란자'에서 18.3℃를 기록해 최고 기온을 경신했다—옮긴이).

가장 건조한 곳

남극은 세상에서 가장 건조한 지역이다. 1년 강수량이 사하라 사막보다 더 적다. 그래서 남극을 황무지라고 말할 수 있다. 더 놀라운 사실은 세계 모든 담수량의 3/4 정도가 남극 얼음에 뒤덮여 있다는 것이다. 강수 현상은 내륙지역에서는 보기 드물며, 주로 해안지역 쪽에서 나타난다. 1년 최고 강수량은 많아야 500mm 정도이다. 강수의 형태는 주로 눈이다. 눈은 바다 쪽에서 바람에 실려 날아온다. 산발적으로 비가 내리는 지역들도 있다.

가장 높은 곳

남극은 하얀 스펀지 케이크 같다. 세상에서 가장 높은 대륙으로, 평균 해발고도는 2,020m 정도다. 세계에서 두 번째로 고도가 높은 곳은 아시아 대륙인데, 평균 고도가 1,000m이다. 물론 세계에서 가장 높은 히말라야산맥이 그곳에 있다.

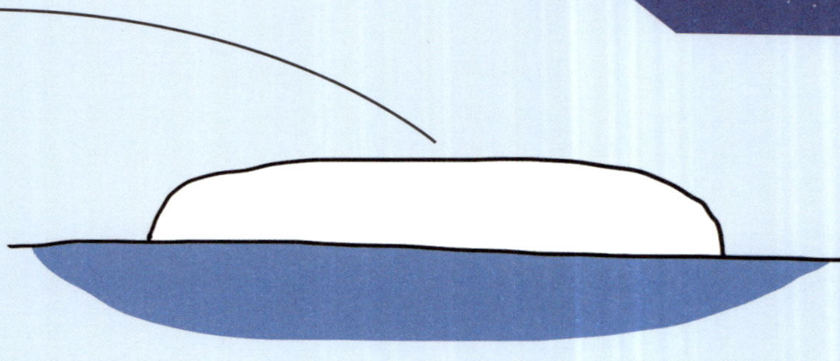

가장 바람이 많은 곳

남극은 1년 내내 바람이 강하게 분다. 바람이 가장 많이 부는 지역은 해안가이다. 풍속은 시속 250km가 넘는다. 내륙은 그보다 바람이 덜 분다. 바람이 강하면 추위를 훨씬 더 빨리 느낀다. 그 이유는 체감온도가 온도계 눈금보다 더 내려가기 때문이다. 예를 들면, 영하 20℃에 시속 70km 바람이 불면 체감온도는 거의 영하 50℃ 정도가 된다.

남극 지표면 대부분은 얼음으로 뒤덮여 있다.
두께가 수천 미터인 곳도 있다.

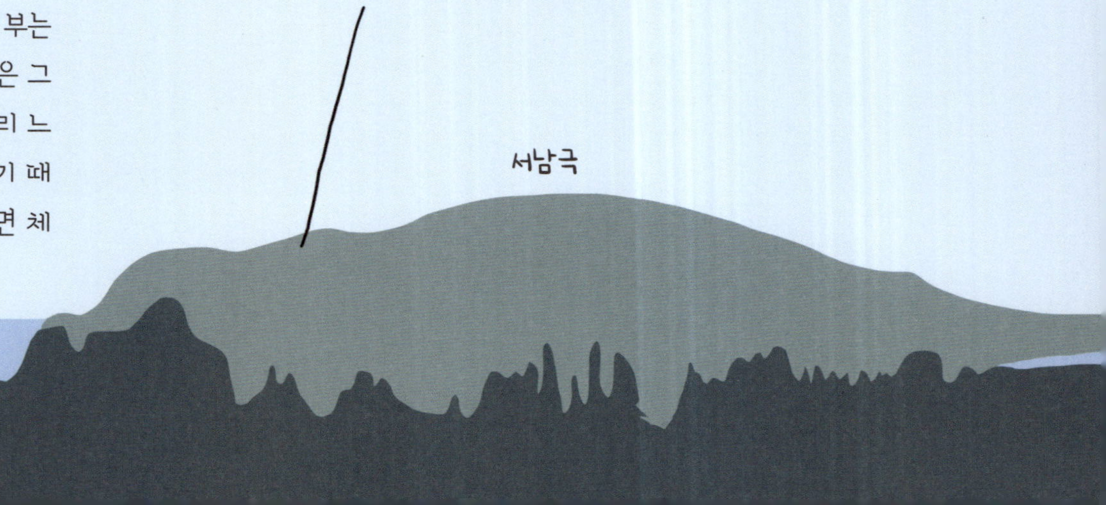

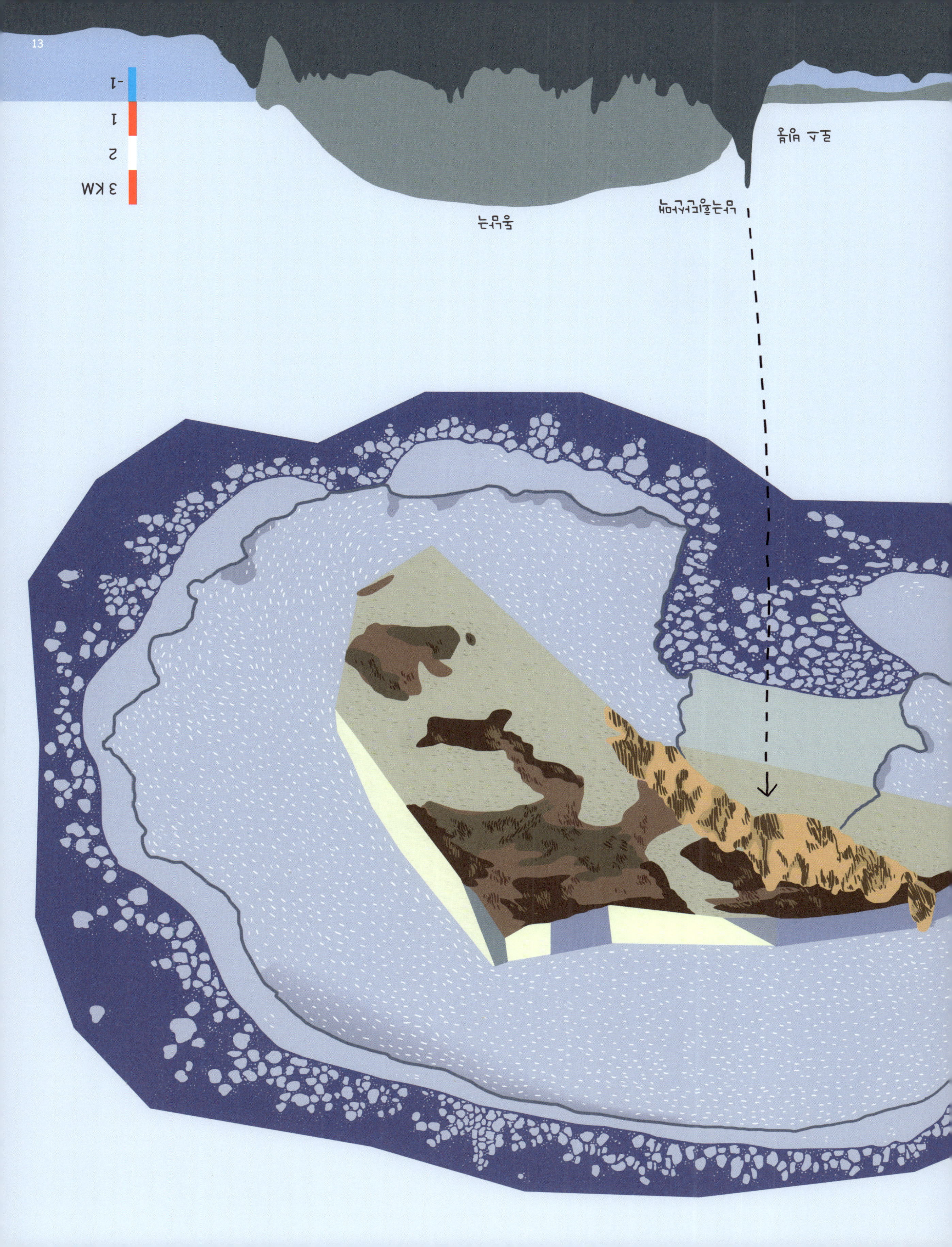

로스 빙붕
남극횡단산맥
동남극
3 KM
2
1
-1

얼마나 큰가? 크다는 것은 어떤 것인가?

왜 세상은 점점 작아질까?

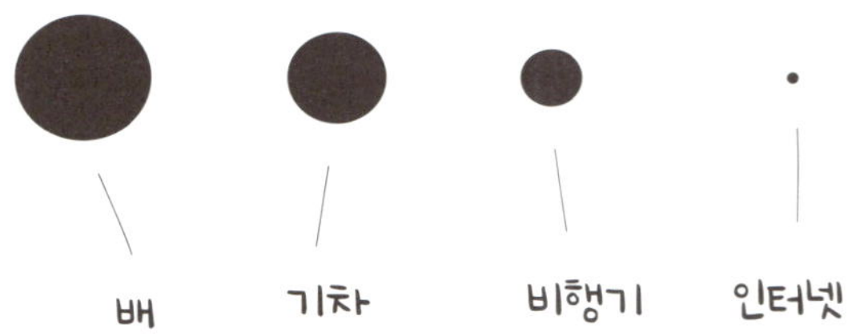

무언가를 크거나 작다고 할 때는 대부분 어떤 것과 비교해서 말하는 것이다. 큰 언덕이라고 말할 때는 그동안 보았던 것들이 그에 비해 작았기 때문이다. 그렇다면 비교할 게 없을 때는 어떻게 결정할까? 크기는 상대적이다. 그 말은 누군가에게는 크다는 게 다른 누군가에게는 작을 수 있다는 말이다. 옛날에는 걸어서만 갈 수 있었다. 그래서 결코 가 볼 수 없는 곳들이 있었다. 시대마다 100km라는 거리는 각기 그 의미가 달랐다. 이제 세상은 다른 곳으로 이동하는 시간이 점점 짧아지면서 점점 작아지고 있다. 오늘날에는 실제로 가 볼 수 있는 세계뿐만 아니라 가상현실의 세계도 갈 수 있다.

둥근 물체의 표면을 어떻게 평면에 옮겨 그릴 수 있을까? "생각은 둥글게, 행동은 네모나게!" 어쩌면 체코 예술가 토마시 바네크의 이 말이 힌트가 될 수 있을지도 모르겠다. 지도 제작자들은 될 수 있는 한 왜곡이 적게 발생하도록 세계 지도 그리는 방법을 알아내려고 노력했다. 이것이 얼마나 어려운 과제인지 한번 실험해 보자! 오렌지를 손에 쥐고 그 위에 세계의 대륙을 그린 뒤, 끊기지 않게 껍질을 까 보라. 분명 직사각형 모양이 나오지 않을 것이다. 그러면 어떻게 지도를 만들 수 있을까? 이를 알고 있었던 사람이 마르틴 베하임이다. 세계 최초로 지도를 제작한 사람 중 한 사람인 그는 구의 표면에 지구 지도를 옮겨 놓으려 노력한 결과 첫 번째 '지구의(earth apple)'를 만들어 냈다. 그것은 지금까지 남아 있는 것 중 가장 오래된 '지구의'로, 1492년에 만들어졌다. 바로 같은 해에 콜럼버스가 아메리카 대륙 해안에 도착했다.

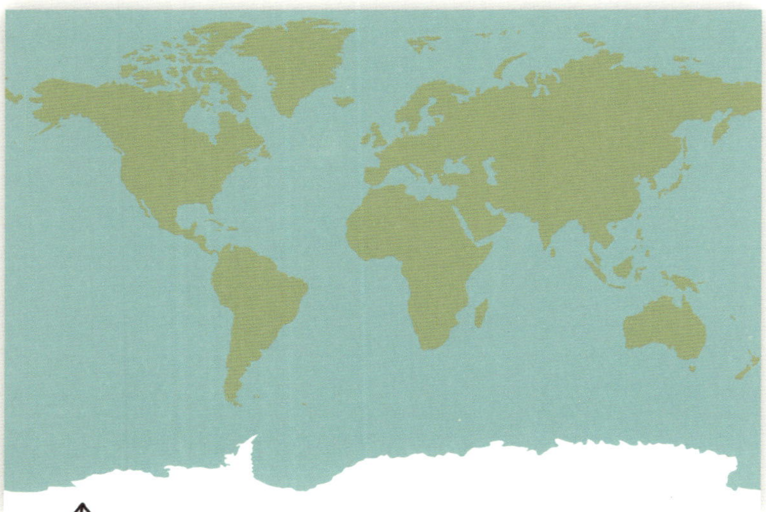

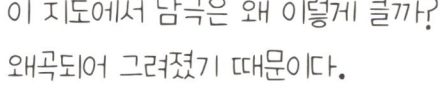

이 지도에서 남극은 왜 이렇게 클까? 왜곡되어 그려졌기 때문이다.

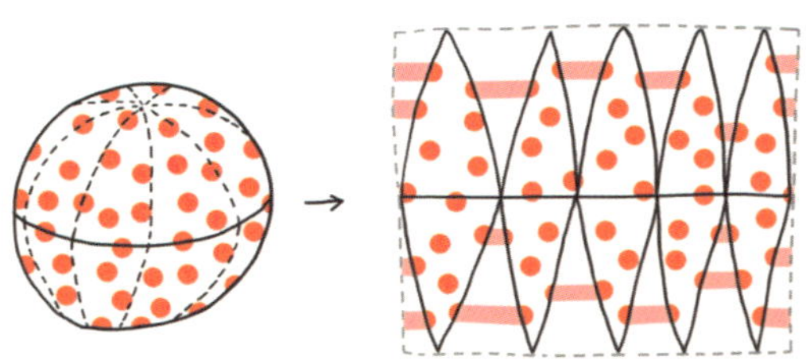

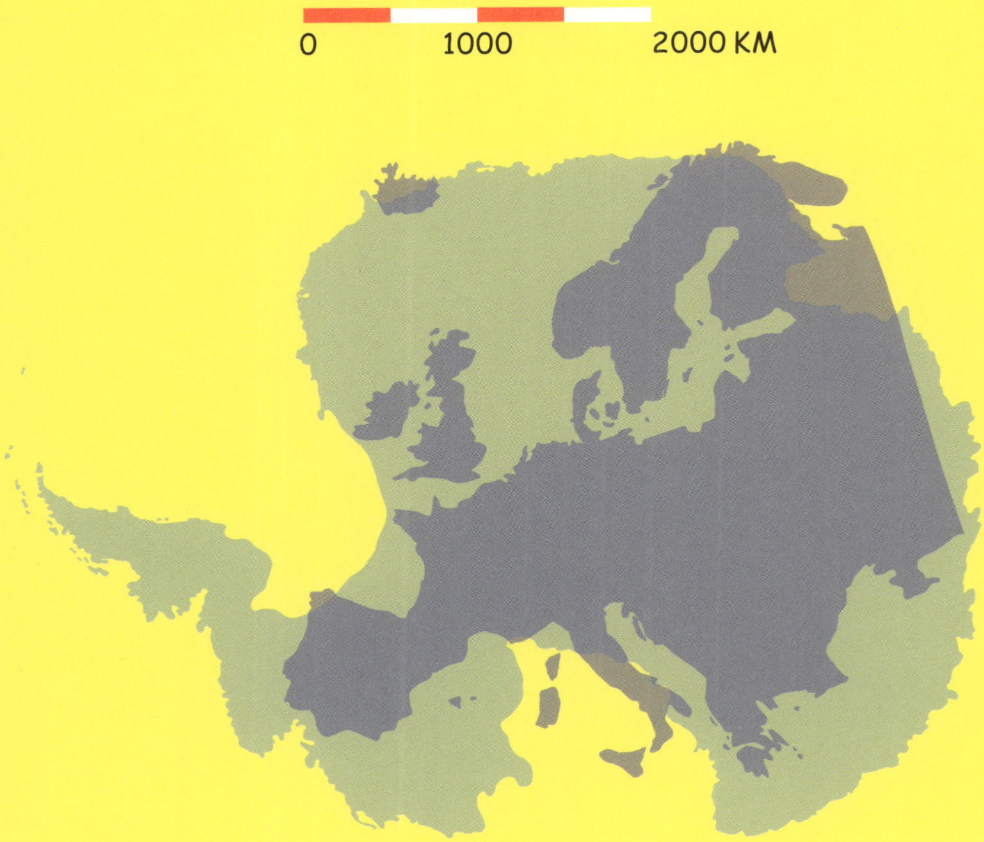

지도는 세상을 위에서 바라볼 수 있게 해 주고 멀리 떨어진 곳에 무엇이 있는지, 가까운 곳에 무엇이 있는지, 어떤 경로로 여행을 계획할지, 어떤 경로를 피해야 할지를 확인하는 데 도움을 준다. 지도에는 그리려고 하는 영역의 크기에 따라 다양한 축척 표시가 사용된다. 하지만 그 영역으로부터 많이 떨어진 곳일수록 왜곡이 더 심하게 일어난다. 남극 대륙이 벽걸이 지도 아랫부분을 다 차지하는 거대한 대륙으로 그려진 이유가 오렌지 실험에서 밝혀졌다. 지도는 왜곡이 있다. 남극의 크기를 유럽 대륙처럼 이미 알고 있는 것과 비교해 보면 좀 더 분명히 알 수 있다. 거리도 상대적이다. 산이나 바다에 가는 데 걸리는 시간을 생각해 보자. 그와 똑같은 거리를 눈 속을 걸어서 또는 스키를 타고 간다고 생각해 보자. 그것도 온통 눈으로 뒤덮인 광야 속을 말이다! 주위가 온통 흰색 광야뿐인 곳을 간다면 시간이 더 걸린다고 느끼지 않을까?

계속 변하는 것의 크기는 어떻게 잴까? 남극은 대륙이라고 부르지만 사실 눈으로 덮인 암석이다. 그 면적은 12,272,800km²이다. 빙붕과 남극 섬들을 합치면 13,829,430km²가 된다. 그에 비해 유럽 대륙은 10,058,912km²에 불과하다. 해마다 겨울 남극해 주위로 얼음 띠가 만들어지면 얼음 면적은 거의 두 배로 커진다.

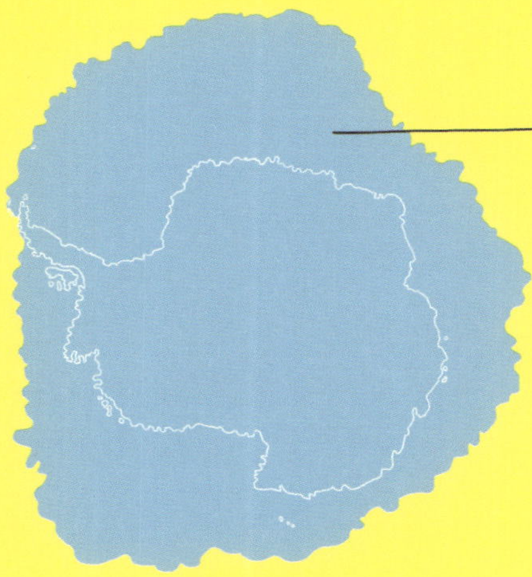

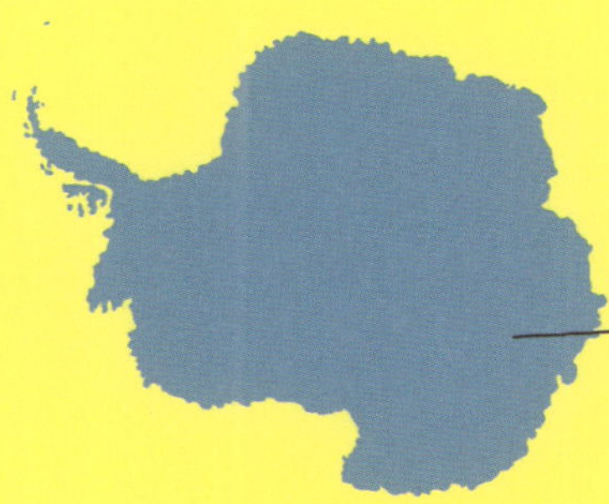

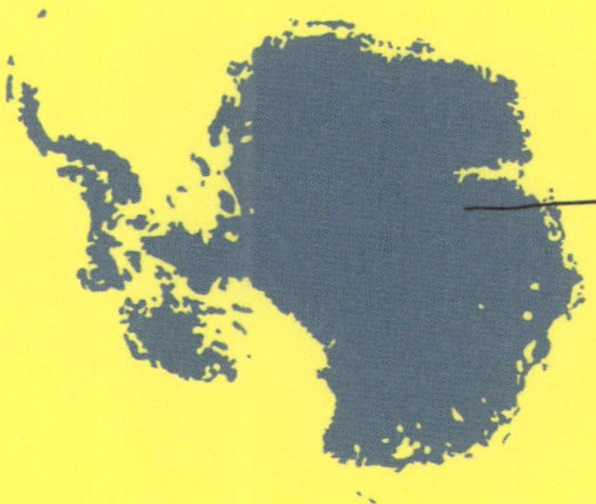

세계 지도

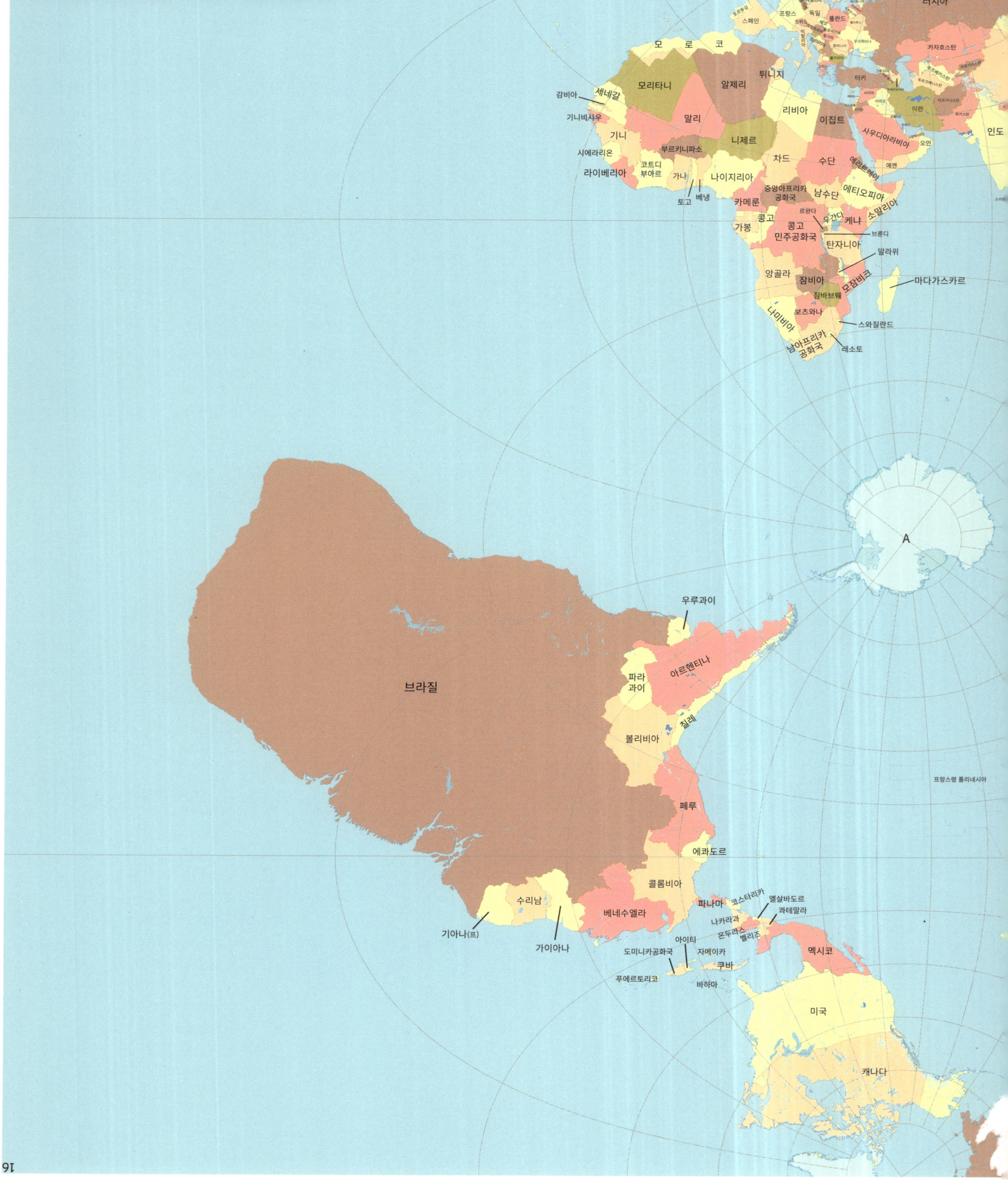

그린란드
아이슬란드
아일랜드
영국
노르웨이
스웨덴
핀란드
포르투갈
스페인
프랑스
독일
폴란드
러시아
카자흐스탄
모 로 코
튀니지
모리타니
알제리
감비아
세네갈
기니비사우
말리
리비아
이집트
터키
이란
기니
니제르
사우디아라비아
오만
인도
시에라리온
부르키나파소
차드
수단
에리트레아
예멘
라이베리아
코트디부아르
가나
나이지리아
토고
베냉
중앙아프리카공화국
카메룬
남수단
에티오피아
콩고
르완다
우간다
케냐
소말리아
가봉
콩고민주공화국
브룬디
탄자니아
말라위
앙골라
잠비아
모잠비크
마다가스카르
짐바브웨
나미비아
보츠와나
스와질란드
남아프리카공화국
레소토
A
우루과이
아르헨티나
파라과이
브라질
칠레
볼리비아
프랑스령 폴리네시아
페루
에콰도르
콜롬비아
파나마
코스타리카
엘살바도르
과테말라
수리남
베네수엘라
나카라과
온두라스
벨리즈
기아나(프)
가이아나
아이티
도미니카공화국
자메이카
멕시코
쿠바
푸에르토리코
바하마
미국
캐나다

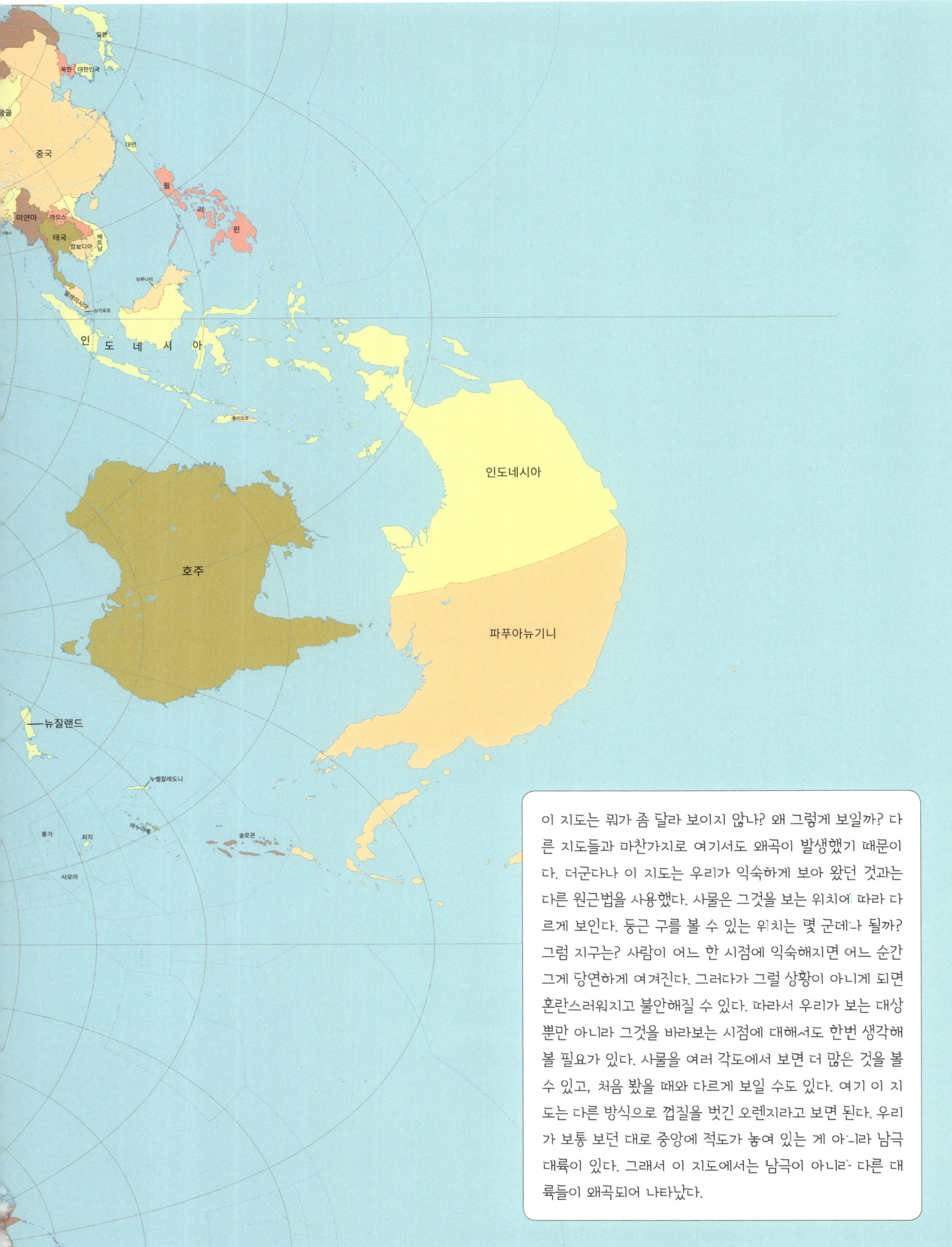

이 지도는 뭐가 좀 달라 보이지 않나? 왜 그렇게 보일까? 다른 지도들과 마찬가지로 여기서도 왜곡이 발생했기 때문이다. 더군다나 이 지도는 우리가 익숙하게 보아 왔던 것과는 다른 원근법을 사용했다. 사물은 그것을 보는 위치에 따라 다르게 보인다. 둥근 구를 볼 수 있는 위치는 몇 군데나 될까? 그럼 지구는? 사람이 어느 한 시점에 익숙해지면 어느 순간 그게 당연하게 여겨진다. 그러다가 그럴 상황이 아니게 되면 혼란스러워지고 불안해질 수 있다. 따라서 우리가 보는 대상뿐만 아니라 그것을 바라보는 시점에 대해서도 한번 생각해 볼 필요가 있다. 사물을 여러 각도에서 보면 더 많은 것을 볼 수 있고, 처음 봤을 때와 다르게 보일 수도 있다. 여기 이 지도는 다른 방식으로 껍질을 벗긴 오렌지라고 보면 된다. 우리가 보통 보던 대로 중앙에 적도가 놓여 있는 게 아니라 남극 대륙이 있다. 그래서 이 지도에서는 남극이 아니라 다른 대륙들이 왜곡되어 나타났다.

1911년 12월 14일

아문센과 그의 탐험대가 남극점 도착에 성공한 뒤에 주변을 둘러보고 있다. 남극 어디에서나 볼 수 있는 주변 풍경이었다. 3일 동안 육분의(두 점 사이의 각도를 정밀하게 측정하는 도구–옮긴이)로 그곳 위치를 측정했다. 그동안 해는 내내 그들 머리 위에서 수평으로 왔다 갔다 했다.

이 지점은 탐험대 앞에 놓인 가장 어려운 구간이었다. 얼음 평원에 보이지 않는 크레바스(빙하가 갈라져서 생긴 좁고 깊은 틈–옮긴이) 수천 개가 숨어 있는 곳이었다. 아문센과 대원들은 이곳을 '악마의 무도회장'이라고 불렀다.

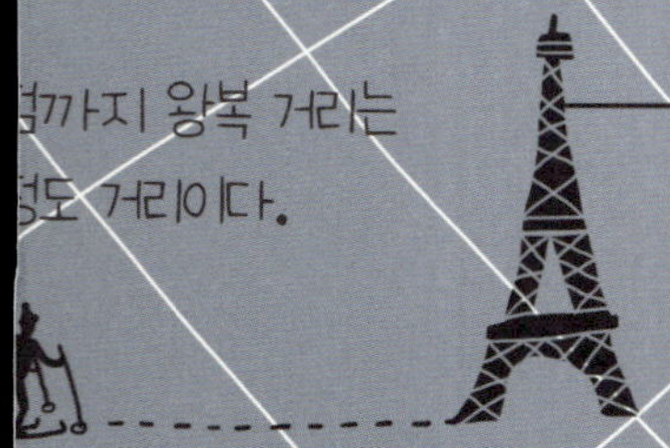

…점까지 왕복 거리는 …정도 거리이다.

노르웨이 탐험대는 남극점까지 왕복 97일이 걸렸다.

아문센은 노르웨이에서 분해해 가져온 베이스캠프 프람하임을 남극 웨일스만의 빙산 위에 세웠다. 기지 아래로 움직이는 얼음이 위협적이긴 했지만, 그래도 스콧의 기지보다 극점까지 100km 정도 더 가까운 유리한 위치였다. 그는 대원들과 함께 남극점으로 가는 길에 보급품 저장소를 짓기 시작했다. 그의 탐험대는 프람하임에서 겨울을 이겨냈다. 아문센은 남극 여름이 시작되는 10월에 대원 5명과 함께 남극점을 향해 출발했다.

노르웨이 선박 이름은 '프람'인데, '앞으로'라는 뜻이다.

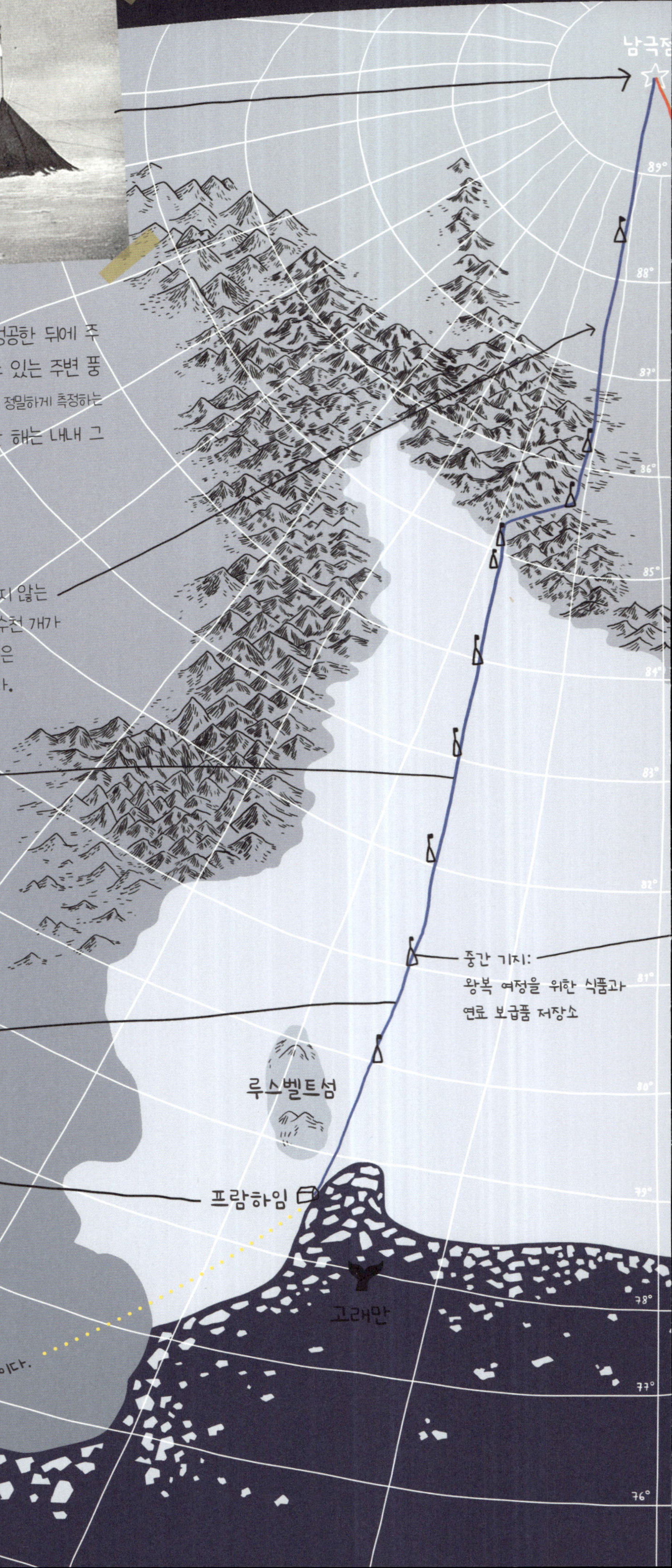

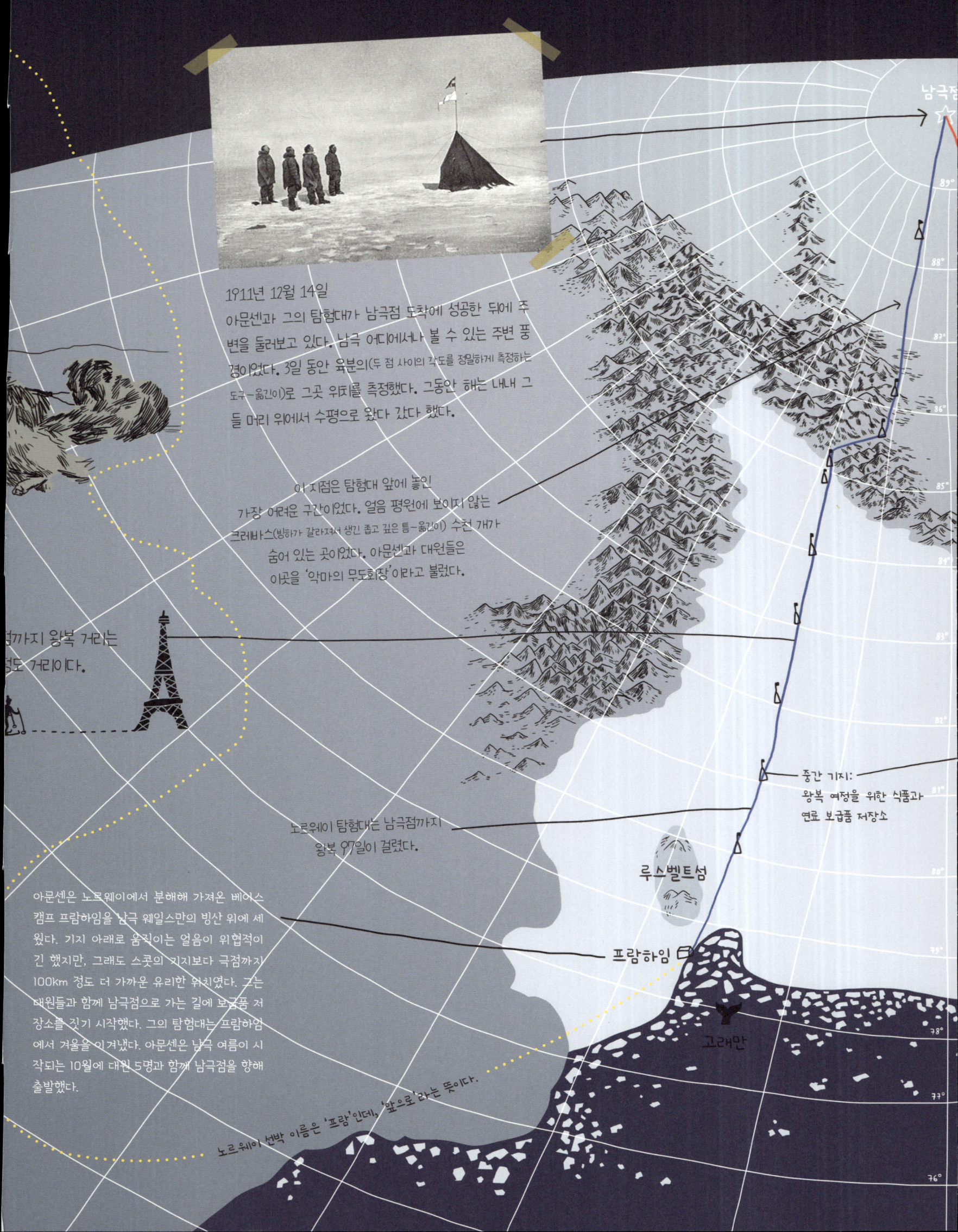

두 영웅의 탐험 여정

로알 아문센
(1872~1928)

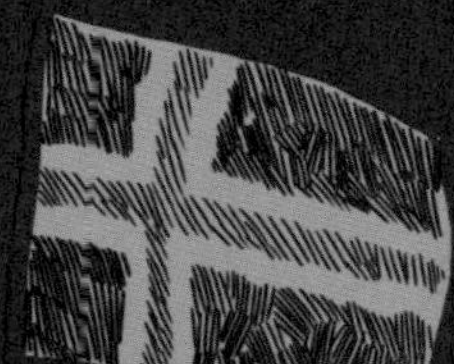

아문센 탐험대를 이끈 건 개들이었다. 52마리가 함께 떠났고, 그중 11마리가 돌아올 수 있었다. 남극점으로 가는 길에 쇠약해진 개는 죽여서 남은 개들의 먹이로 주었다.

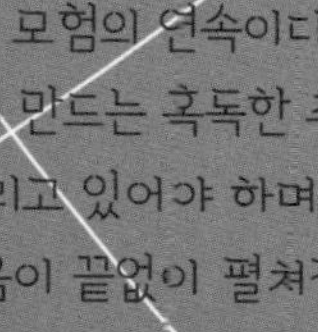

프람하임 베이스캠프에서 남극
모스크바에서 파리 사이

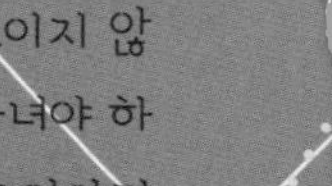

아문센은 귀국한 뒤 그에게 쏟아진 큰 관심에 기뻐했다.

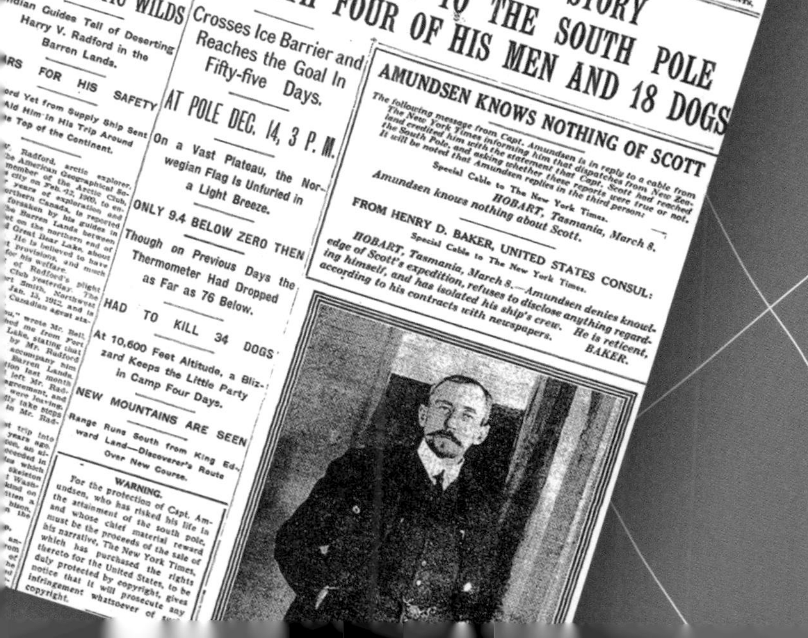
New York Times.
SATURDAY, MARCH 9, 1912.—TWENTY-FOUR PAGES.
ONE CENT
THE WEATHER.
Rain or snow Saturday, colder by afternoon or night; Sunday, fair, colder; westerly winds.
Brilliant Lady Warwick.
How this unconventional, vigorous, socialistic, and beautiful woman has kept London guessing and talking for years is told in To-morrow's Sunday Times
FORSAKE EXPLORER IN ARCTIC WILDS
Indian Guides Tell of Deserting Harry V. Radford in the Barren Lands.
CAPT. AMUNDSEN'S FULL STORY OF HIS DASH TO THE SOUTH POLE WITH FOUR OF HIS MEN AND 18 DOGS
Crosses Ice Barrier and Reaches the Goal in Fifty-five Days.
AT POLE DEC. 14, 3 P. M.
On a Vast Plateau, the Norwegian Flag Is Unfurled in a Light Breeze.
ONLY 9.4 BELOW ZERO THEN
Though on Previous Days the Thermometer Had Dropped as Far as 76 Below.
HAD TO KILL 34 DOGS
At 10,600 Feet Altitude, a Blizzard Keeps the Little Party in Camp Four Days.
NEW MOUNTAINS ARE SEEN
Range Runs South from King Edward Land—Discoverer's Route Over New Course.
AMUNDSEN KNOWS NOTHING OF SCOTT
Amundsen knows nothing about Scott.
FROM HENRY D. BAKER, UNITED STATES CONSUL:
HOBART, Tasmania, March 8.—Amundsen denies knowledge of Scott's expedition, refuses to disclose anything regarding himself, and has isolated his ship's crew. He is reticent, according to his contracts with newspapers. BAKER.
WARNING.

최초로 남극점을 정복하려고 애를 쓴 두 사람이 있었다. 영국의 로버트 팰컨 스콧과 노르웨이의 로알 아문센이다. 두 사람은 서로 다른 목적과 다른 전략이 있었다. 지구의 남극점을 향한 여정은 긴장감 넘치는 모험의 연속이다. 마음 약한 사람들의 이야기가 될 수 없다. 모든 걸 꽁꽁 얼어붙게 만드는 혹독한 추위에 온몸이 마비될 정도로 추운 텐트 안에서 서로 몸을 웅송그리고 있어야 하며, 앞도 제대로 보이지 않는 상황에서 기진맥진한 상태로 눈과 얼음이 끝없이 펼쳐진 지역을 돌아다녀야 하는 이야기이다. 여기 이 두 주인공은 서로 만난 적이 없다. 남극 정복에 관한 이야기에 자신들 이름이 서로 떼려야 뗄 수 없게 함께 거론된다는 사실은 생각도 못 했을 것이다. 남극 기지명에 두 사람 이름이 붙게 되리라는 생각도 전혀 못 했을 것이다.

원래 아문센은 북극점 정복을 준비하고 있었다. 그런데 최초의 영광을 미국 탐험대가 먼저 가져갔다. 그는 이 소식을 듣고도 실망하지 않고 계속 준비했고, 탐험하는 데 필요한 재원과 지원을 얻었다. 모든 사람에게는 북쪽으로 갈 것이라고 말했으나 이미 그의 마음속에서는 목적지가 바뀌었다. 최초가 되고자 하는 야망이 그를 남극으로 향하게 했다. 마지막 순간까지 계획을 비밀에 부치면 자신이 유리한 고지를 차지할 수 있으리라 확신했다. 대원들에게조차 항해를 시작하고 나서야 사실을 털어놓았다. 이렇게 목적지를 변경하는 것에 대해 대원들의 동의를 얻고 난 뒤에 아문센은 아무것도 모르고 있을 스콧에게 전신으로 이 사실을 알렸다.

최초!

1773년 레졸루션호 어드벤처호

남극권 경계 안으로 최초로 들어갔다고 추정되는 사람은 제임스 쿡 선장이다. 그는 빙산이 떠다니는 바다에 들어섰지만, 너무 위험해 보여 뱃머리를 돌렸다.

1820년 보스토크호

처음으로 남극 대륙을 본 사람은 러시아의 미르니호와 보스토크호 선원들이었다.

1902~04년 디스커버리호

로버트 스콧이 이끄는 첫 번째 남극 탐험대가 출발했다. 어니스트 섀클턴도 대원으로 선발되어 함께 떠났다.

1909년 님로드호

두 번째 영국의 남극 탐험은 남극 대륙까지 불과 160km밖에 남지 않은 지점에서 멈췄다. 대장 어니스트 헨리 섀클턴이 위험 부담이 너무 크다고 판단해서 돌아가기로 했기 때문이다. 이렇게 어려운 결정은 위대한 지휘관만이 내릴 수 있었다.

다음은 1907년에 섀클턴이 냈다고 알려진 신문 광고이다. "위험한 항해를 함께할 지원자 모집. 낮은 봉급과 혹독한 추위, 그리고 암흑만이 계속되는 기나긴 겨울 보장. 복귀는 불확실. 성공했을 때만 명예와 공로 인정." 이것은 그 당시 극지 탐험대 지원자를 기다리는 게 무엇인지 잘 요약해 보여 준다. 이 광고가 나중에 만들어졌고, 실제로 섀클턴이 이런 내용을 썼을 리가 없다고 해도 크게 상관없다. 오히려 그가 정말로 이 문구를 썼을 것이라는 추측이 더 설득력 있다.

어떤 대가를 치르고서라도 최초로 무언가를 정복하고자 하는 열정은 어디에서 오는 걸까? 대부분 사람에게 남극은 상상 속이나 지도에나 있는 장소이다. 그런데 그게 때로는 정복이라는 허영심을 채워 줄 트로피가 되기도 한다. 왜 사람들은 돈과 에너지를 엄청나게 쓰면서 인류에게 전혀 도움이 되지 않는 것을 위해 모험을 하려고 하지? 최초가 되기 위한 것이 목표라면 잠시 생각을 멈추고 질문을 던져 보는 것은 어떨까? 왜 경쟁하는 거지? 왜 위험 속에 뛰어들려고 하지? 때로는 국가들도 이기려고 경쟁하는 치기 어린 학생들처럼 행동한다. 어떤 대가를 치르더라도 이기려 드는 것과 용기를 갖고 무언가를 제일 잘하려고 하는 건 서로 다르다. 새로운 세상은 발견하고 연구할 만한 가치가 있다. 하지만 덮어놓고 무조건 해서는 안 된다! 눈을 가리고 이리저리 뛰어 봤자 세상의 다양한 모습을 절대 볼 수 없을 것이다.

인듀어런스호
1914~16년
어니스트 섀클턴이 이끄는 영국의 인듀어런스호가 남극으로 가는 길에 얼음에 끼여 파손됐다. 원래 탐험대 목표는 걸어서 남극 대륙을 횡단하는 것이었다.
1910~12년
가이난마루호
스콧, 아문센과 같은 시기에 시라세 노부가 이끈 일본 탐험대가 남극점 정복을 시도했다. 일본인들이 남극에 도착했을 때는 겨울이 시작되기 바로 직전이었다. 그래서 철수해야 했다. 다음 해에 다시 남극으로 가는 길에 노르웨이 사람 로알 아문센의 배를 만났다.
1911년
프람호
로알 아문센은 남극을 탐험하기 위해 같은 노르웨이 사람 프리드쇼프 난센의 배를 빌렸다. 특별하게 설계된 구조 덕분에 배는 얼음과 충돌해도 파손되지 않고 나아갈 수 있었다.
1911년
테라노바호
로버트 스콧의 2차 탐험대가 남극점에 도착했다. 그러나 살아서 돌아오지 못했다.

미지의 땅으로

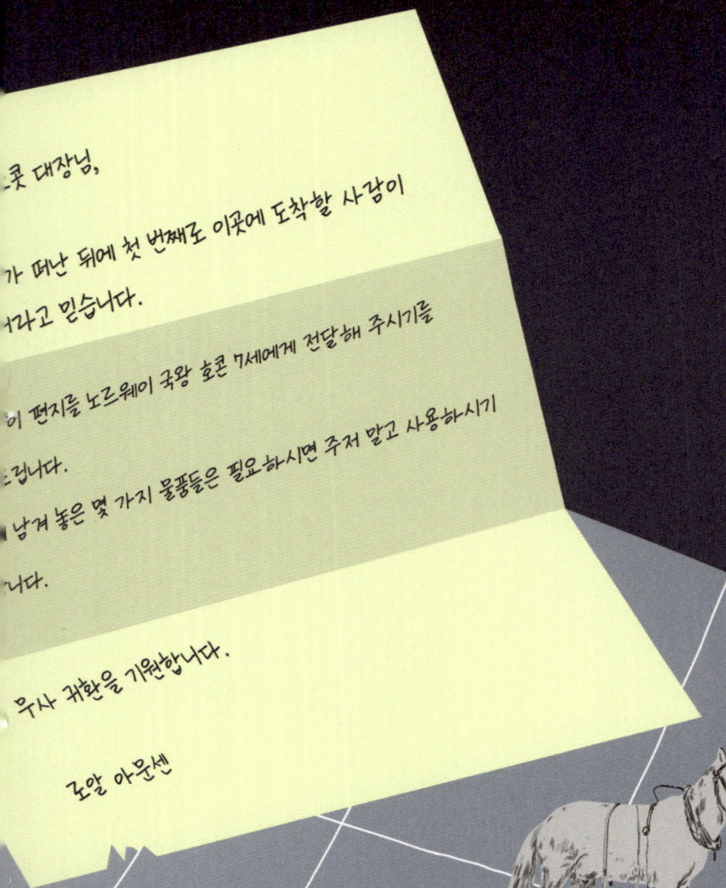

스콧의 장비 중에는 모터 썰매와 조랑말이 있었다.
썰매는 추위에 자주 고장 났고,
조랑말은 눈 속 깊이 발이 빠지곤 했다.

로버트 팰컨 스콧
(1868~1912)

영국 탐험대의 배 이름은 '테라노바'인데, '새로운 땅'이라는 뜻이다.

스콧의 남극 여정은 이번이 두 번째로, 대영제국을 대표했다. 그 당시 세계에서 강대국이었던 영국은 자원뿐만 아니라 남극점 정복에서도 자신들이 우월하다고 확신했다. 누군가와 남극점 정복을 놓고 우선권을 다투게 되리라는 건 예상 밖의 일이었다. 영국은 당연히 제일 먼저 남극점에 가서 영국 깃발을 꽂는 것이 목표였다. 이와 함께 남극을 탐사하고 과학 연구를 진행한다는 계획도 세워 놓고 있었다. 남극점을 향해 자신들 말고 다른 이들이 먼저 출발했다는 사실을 알게 되었을 때 영국 탐험대는 이미 항해를 시작한 상태였다. 스콧 대장도 자신의 계획을 바꾸려 하지 않았다.

남극 정복 경쟁은 이렇게 100년 전부터 시작되었다. 어떤 영감이 우리를 경쟁으로 이끄는 것일까? 스콧은 당시 대부분의 유럽인처럼 진보와 과학을 믿었다. 그는 자신이 하려는 일을 도와줄 기술 장치들과 과학기술에 관심이 있었다. 그에 비해서 아문센은 이누이트의 전통적인 방식에 고무되었다. 그들과 함께 겨울을 두 차례 보내면서 혹독한 극지 조건에 어떻게 적응하는지, 옷을 어떻게 입는지, 접근 가능한 자원들을 어떻게 사용하는지, 개들을 어떻게 다루는지 등, 원주민들의 기법과 생존기술을 관찰하며 배웠다. 지금 우리는 두 사람의 방식 중 어떤 것이 남극점 정복에 더 성공적이었는지 잘 안다. 그런데 오늘날에도 남극에서 스콧과 같은 사고방식을 볼 수 있다. 남극(이나 다른) 세상을 마주할 때, 오만하고 정복자 같은, 백인 우월주의적인 태도가 종종 보인다.

1912년 1월 17일
스콧 탐험대도 남극점에 도착했다. 그곳에서 노르웨이인들의 텐트와 그 안에 아문센이 남긴 편지를 발견했다. 위 사진은 탐험대 일정을 기록한 헨리 바우어스가 찍은 사진이다. 필름은 8개월 뒤 수색작업을 할 때, 동사한 극지 탐험가들 유해 옆에서 발견되었다. 스콧은 일기장에, "최악의 사태가 발생했다는 것을 한눈에 알아볼 수 있었다. 노르웨이인들이 우리보다 먼저 온 것이다"라고 적었다.

1912년 2월 17일
에드거 에반스가 크레바스에 추락한 뒤 그 부상으로 사망했다.

1912년 3월 17일
"잠깐 밖에 나갔다 오겠습니다. 조금 오래 걸릴지도 모르겠습니다." 동상에 걸려 더 이상 버틸 힘이 없었던 로런스 오츠는 이렇게 말하고 밖으로 나가 스스로 죽음을 선택했다. 다른 대원들이 살아남아서 목표를 이룰 수 있도록, 자신이 그들의 앞길을 막지 않기 위해서였다.

1912년 3월 29~30일
스콧과 그의 대원들은 모두 텐트에서 사망했다. 눈보라 때문에 앞으로 계속 나아갈 수 없었던 상황이었다. 보급품 저장소까지 겨우 18km 떨어진 곳이었다.

스콧 탐험대는 돌아오는 길 내내 지질탐사 시료 약 16kg을 끌고 왔다.

에러버스산
테러산
테라노바

스콧의 베이스캠프는 지금도 남아 있다.

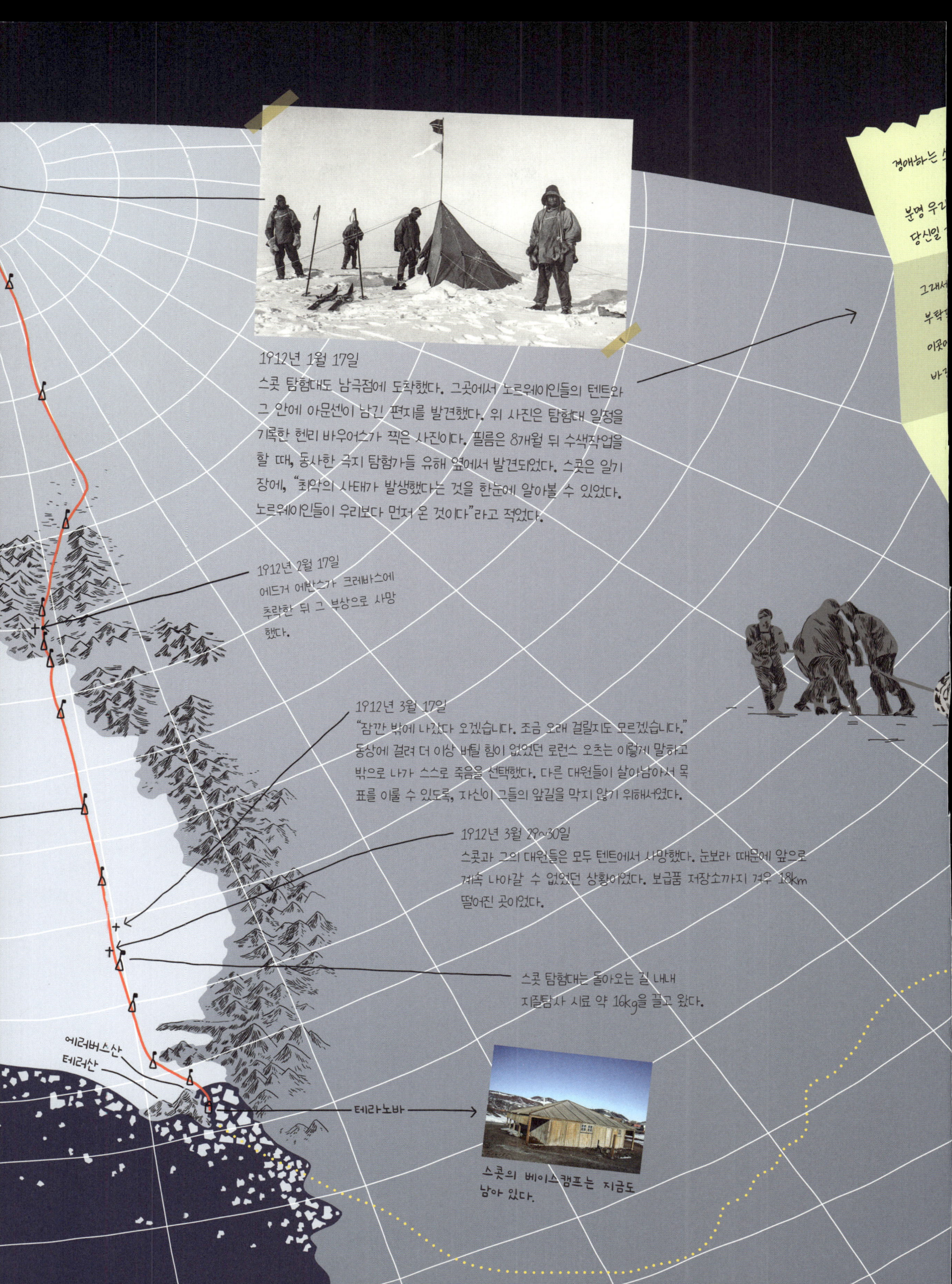

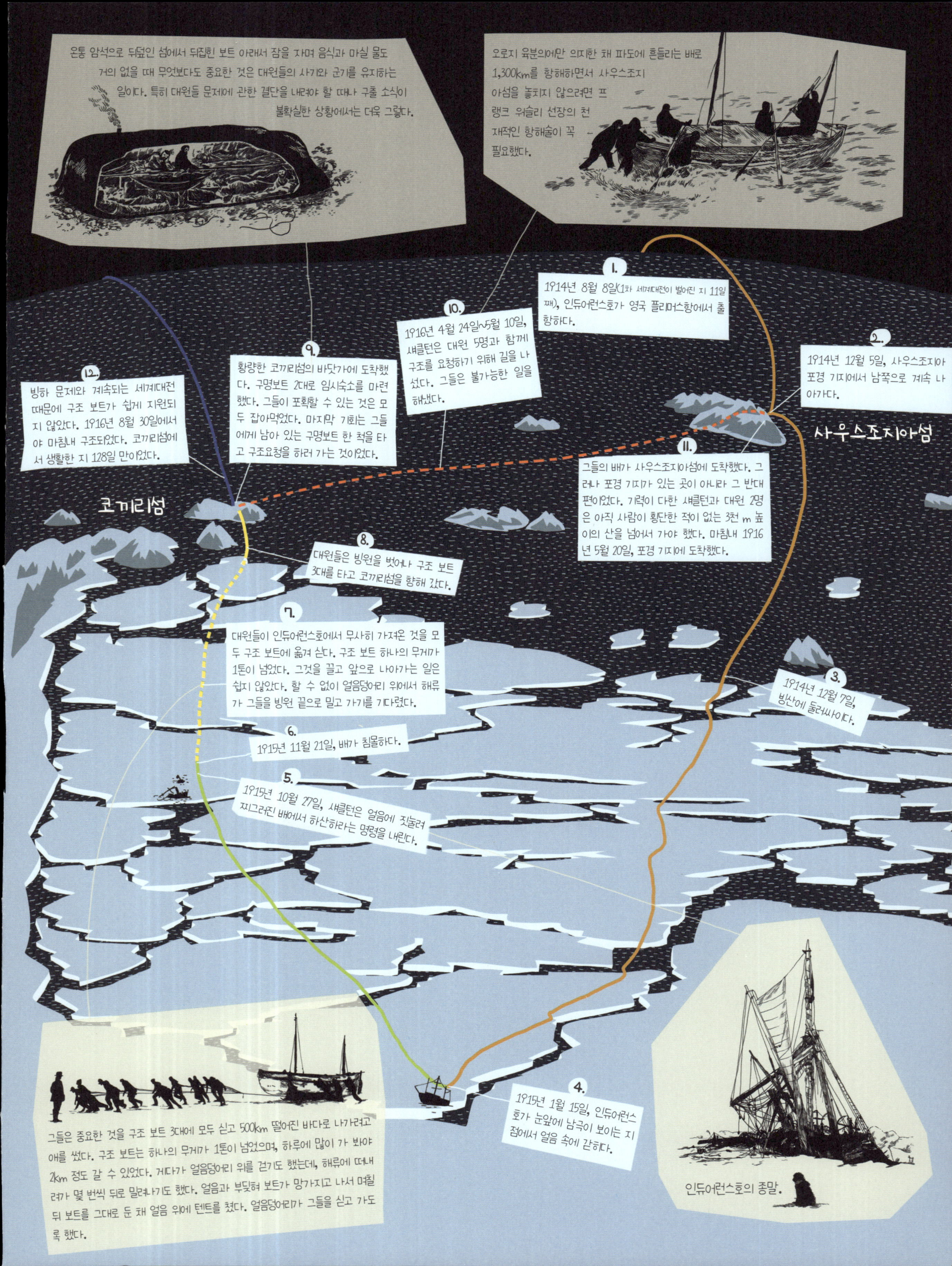
온통 암석으로 뒤덮인 섬에서 뒤집힌 보트 아래서 잠을 자며 음식과 마실 물도
거의 없을 때 무엇보다도 중요한 것은 대원들의 사기와 군기를 유지하는
일이다. 특히 대원들 문제에 관한 결단을 내려야 할 때나 구출 소식이
불확실한 상황에서는 더욱 그렇다.
오로지 육분의에만 의지한 채 파도에 흔들리는 배로 1,300km를 항해하면서 사우스조지아섬을 놓치지 않으려면 프랭크 워슬리 선장의 천재적인 항해술이 꼭 필요했다.
1. 1914년 8월 8일(1차 세계대전이 벌어진 지 11일째), 인듀어런스호가 영국 플리머스항에서 출항하다.
2. 1914년 12월 5일, 사우스조지아 포경 기지에서 남쪽으로 계속 나아가다.
사우스조지아섬
10. 1916년 4월 24일~5월 10일, 섀클턴은 대원 5명과 함께 구조를 요청하기 위해 길을 나섰다. 그들은 불가능한 일을 해냈다.
9. 황량한 코끼리섬의 바닷가에 도착했다. 구명보트 2대로 임시숙소를 마련했다. 그들이 포획할 수 있는 것은 모두 잡아먹었다. 마지막 기회는 그들에게 남아 있는 구명보트 한 척을 타고 구조요청을 하러 가는 것이었다.
12. 빙하 문제와 계속되는 세계대전 때문에 구조 보트가 쉽게 지원되지 않았다. 1916년 8월 30일에서야 마침내 구조되었다. 코끼리섬에서 생활한 지 128일 만이었다.
11. 그들의 배가 사우스조지아섬에 도착했다. 그러나 포경 기지가 있는 곳이 아니라 그 반대편이었다. 기력이 다한 섀클턴과 대원 2명은 아직 사람이 횡단한 적이 없는 3천 m 높이의 산을 넘어서 가야 했다. 마침내 1916년 5월 20일, 포경 기지에 도착했다.
코끼리섬
8. 대원들은 빙원을 벗어나 구조 보트 3대를 타고 코끼리섬을 향해 갔다.
7. 대원들이 인듀어런스호에서 무사히 가져온 것을 모두 구조 보트에 옮겨 실었다. 구조 보트 하나의 무게가 1톤이 넘었다. 그것을 끌고 앞으로 나아가는 일은 쉽지 않았다. 할 수 없이 얼음덩어리 위에서 해류가 그들을 빙원 끝으로 밀고 가기를 기다렸다.
3. 1914년 12월 7일, 빙산에 둘러싸이다.
6. 1915년 11월 21일, 배가 침몰하다.
5. 1915년 10월 27일, 섀클턴은 얼음에 짓눌려 찌그러진 배에서 하선하라는 명령을 내린다.
그들은 중요한 것을 구조 보트 3대에 모두 싣고 500km 떨어진 바다로 나가려고 애를 썼다. 구조 보트는 하나의 무게가 1톤이 넘었으며, 하루에 많이 가 봐야 2km 정도 갈 수 있었다. 게다가 얼음덩어리 위를 걷기도 했는데, 해류에 떠내려가 몇 번씩 뒤로 밀려나기도 했다. 얼음과 부딪혀 보트가 망가지고 나서 며칠 뒤 보트를 그대로 둔 채 얼음 위에 텐트를 쳤다. 얼음덩어리가 그들을 싣고 가도록 했다.
4. 1915년 1월 15일, 인듀어런스호가 눈앞에 남극이 보이는 지점에서 얼음 속에 갇히다.
인듀어런스호의 종말.

남극

남극에는 나무 한 그루도 자라지 않는다. 민물고기나 양서류, 파충류, 그리고 육지 포유동물도 살지 않는다. 남극에 사는 동물은 주로 조류와 큰 바다 포유동물이다. 남극에 온 인간은 그저 방문객일 뿐이다. 반면 동물들에게는 그곳이 집이다. 그래서 사람을 보고 무서워하지 않는다. 오히려 그곳에 온 두 발 동물이 누구인지 호기심을 갖는다.

남극 생물은 주로 바다와 바닷가에서 생활한다. 지구를 한번 둘러보면 생명체 대부분이 적도 주변의 육지에 살며, 극점 방향으로 갈수록 줄어든다. 그러나 바닷속 생물은 여기에 해당하지 않으며, 오히려 정반대이다. 남극해에는 바이오매스, 즉 에너지로 사용할 수 있는 생물체의 양이 엄청나게 많다. 이것은 곧 해수면 아래에 다른 동물들을 끌어들일 만한 플랑크톤 같은 먹이가 풍부하다는 것을 뜻한다.

보기에 식물처럼 보이는 바다나리는 불가사리와 비슷하게 생긴 동물이다. 수심 70m 깊이에 살며 부채꼴 모양의 촉수로 먹이를 잡는다.

웨들 바다표범은 몸집이 거대한, 아주 호감 가는 동물이다. 웨들 바다표범은 은빛 털이 1㎠당 4만 개, 다시 말해 1mm당 400개가 나 있다. 그래서 온종일 눈밭에서 굴러도 춥지 않다고 한다. 털가죽은 그들 생명과 직결된다. 오늘날까지도 동물 가죽 사냥꾼들의 표적이 되는 캐나다 바다표범과 달리, 웨들 바다표범은 접근이 힘든 지역에 산다는 게 장점이다. 그 이름은 영국 항해사이며 바다표범잡이인 제임스 웨들의 이름에서 따와서 붙여졌다. 웨들은 1825년에 사우스조지아섬에서 포획된 웨들 바다표범의 수가 대략 120만 마리 정도라고 추정한다. 남극 물개는 가죽을 얻기 위해 무분별하게 포획되면서 19세기에 거의 전멸되다시피 했다. 요즘 세상에는 사람들 사이에 몸에 모피를 두르고 다니는 게 그렇게 엄청 멋진 일이 아니라는 인식이 널리 퍼져 있어서 그나마 다행이다. 게으름뱅이 웨들 바다표범은 다 자라면 몸무게가 450kg 정도 나가기도 한다. 먹이는 물고기와 크릴새우다. 놀랍게도 물속에서 80분이나 견딜 수 있고, 수심 700m 깊이까지 잠수할 수 있다. 또한 5km 떨어진 곳까지 갔다가 미리 갉아서 뚫어 놓은 얼음구멍으로 무사히 다시 돌아올 수 있다. 시간 대부분을 눈과 얼음 위에서 쉬거나 뒹굴뒹굴하며 보낸다. 웨들 바다표범처럼 남극점 가까이에서 번식하는 동물은 없다.

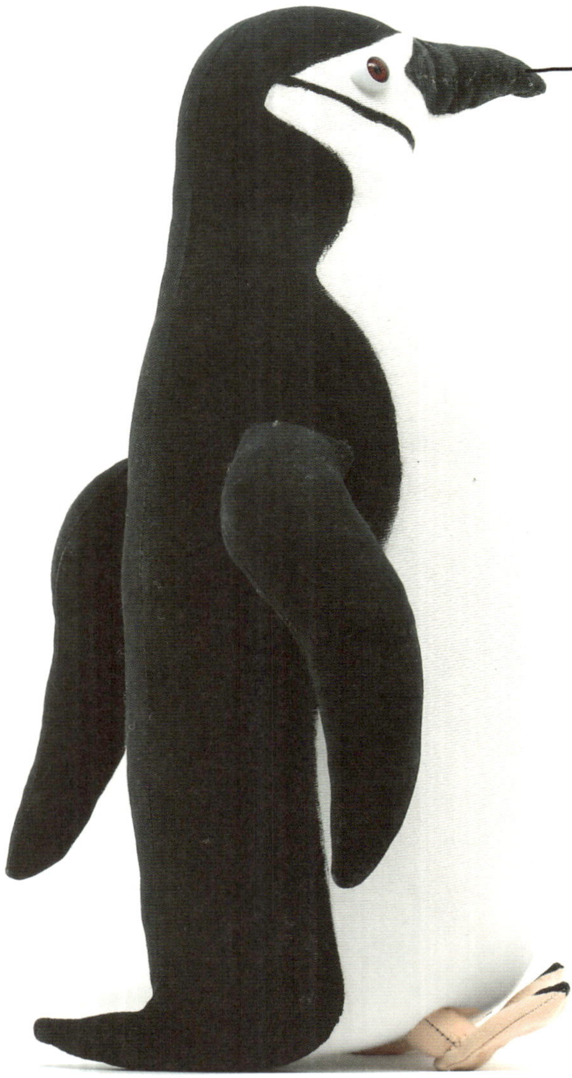

턱끈펭귄

길 이	72cm
몸 무 게	3.8kg
개체 수	650만~750만 쌍

가장 시끄러운 펭귄 중 하나로, 사교적이며 호기심 많고 용감하다. 자기들 영역에 침입한 사람에게는 가차 없이 공격한다. 부리 아래 있는 검은 줄 때문에 이런 이름이 붙여졌다고 한다. 초기 남극 탐험가들은 돌을 깨부수는 듯 시끄러운 녀석이라고 해서 '스톤 크래커(stone-cracker)'라고 불렀다.

연미복 차림은 사실 위장술이다.
펭귄이 바닷속에 있을 때 위에서 내려다보면
검은 바닥처럼 보이고, 아래에서 올려다보면
밝은 하늘처럼 보인다.

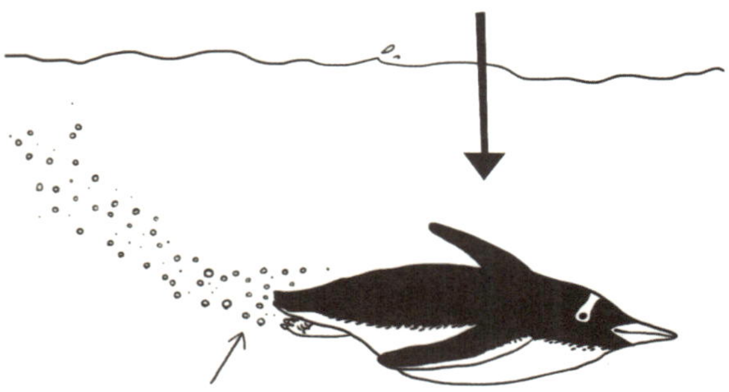

펭귄은 헤엄칠 때
깃털 안에서 공기 방울을
뿜어낸다. 이것으로 마찰을
최소한으로 줄여서 공격하거나
도망칠 때 속도를 높일 수 있다.

젠투펭귄

길 이	75cm
몸 무 게	5.5kg
개체 수	30만 쌍 이상

당나귀 울음소리를 낸다고 해서, 체코어와 독일어로 당나귀 펭귄이라는 이름이 붙었다. 펭귄들 가운데서 헤엄치는 속도가 가장 빠른데, 시속 24km까지 낼 수 있다. 다른 펭귄들처럼 물고기와 가재, 새우 같은 것들을 잡아먹고 산다.

펭귄

펭귄(penguin)이라는 이름은 '뚱뚱한, 살찐'이라는 뜻이 있는 라틴어 '핑귀스(pinguis)'에서 유래되었다고 한다. 펭귄을 발견한 사람들이 그 모습을 보고 '살찐 새'라는 이름을 붙였다고 한다. 이름이 그다지 호감 있게 들리지는 않지만, 바로 이 이름에 놀랄 만한 생존 전략이 담겨 있다. 즉, 추운 남극에서 살아가기에 알맞은 몸이라는 뜻이다. 지구에서 살아가는 펭귄은 17종인데, 모두 남반구에서 서식한다. 여기에 있는 펭귄은 남극에 사는 펭귄들 모습을 그대로 본떠 만든 인형들이다. 펭귄은 매력적인 동물이다. 해안가를 걸어 다니는 모습이 우스꽝스러워 보이기도 하고, 귀여워 보이기도 한다. 육지에 천적은 없다. 그러나 먹이가 있는 바닷속에서는 주의해야만 한다. 잘못하면 스스로 먹이가 될 수 있기 때문이다. 펭귄은 헤엄을 잘 치며 매우 빨리 갈 수 있다. 펭귄은 육지와 바다에서 지내는데, 두 생활 영역에서 움직이고 생활하는 게 각각 다르다.

아델리펭귄

길 이 71cm

몸무게 5kg

개체 수 60만 쌍 이상

'아델리'라는 이름은 이 녀석들을 제일 먼저 발견한 프랑스의 유명한 항해사이자 극지 탐험가, 자연과학자인 쥘 뒤몽 드위빌이 자신의 아내 이름에서 따와 붙였다.

마카로니펭귄

길 이 71cm

몸무게 5~6kg

개체 수 1,200만 쌍

가장 많이 퍼져 있는 종이다. 그러나 짝은 다른 종의 펭귄들 가운데서 고른다.

어니스트 헨리 섀클턴
(1874~1922)

남극 탐험 영웅 시대에 가장 흥미로운 극지 탐험가 중 한 사람이 어니스트 섀클턴이다. 그의 탐험 가운데 그를 유명하게 한 위대한 여정이 있는데, 아주 흥미진진하다. 여정이 채 시작하기도 전에 끝나긴 했지만, 오히려 바로 그 점 때문에 유명해졌다. 이미 아문센과 스콧이 남극점 정복을 완수했다는 소식에 섀클턴은 최초로 남극 대륙을 걸어서 횡단해야겠다는 야심 찬 계획을 세웠다. 그가 이끄는 인듀어런스호가 항해를 시작하자마자 1차 세계대전이 터졌다. 대원들은 고국을 위해 전쟁터로 가야 할지 문의했다. 몇 명은 탐험대를 떠나 입대하기도 했지만, 정부로부터 예정대로 진행하라는 답장을 받고 항해를 계속했다. 그 뒤 포경선 선원들로부터 남극해가 평소보다 훨씬 더 많은 얼음으로 뒤덮여 있다는 이야기를 듣게 되었다. 무사히 그곳을 통과할 수 있을지 확신할 수 없는 상황이었다. 하지만 섀클턴은 다음 기회가 또 있다는 보장이 없기에 운을 시험해 보기로 했다. 상황은 좋지 않았다. 남극을 눈앞에 두고 인듀어런스호는 얼음 속에 꽁꽁 갇혀 버리고 말았다. 이제 어떻게 해 볼 방법도 없었고, 도움을 청할 수도 없었다. 남극 탐험은 이제 빙산에 갇혀 버린 27명의 생존 싸움이 되어 버렸다. '인내', '지구력'이라는 뜻을 지닌 '인듀어런스(endurance)'라는 배 이름은 섀클턴 가문의 신조인 "인내함으로써 우리는 승리한다"에서 따왔다. 인듀어런스호 대원들에게 인내심은 생존을 위해 없어서는 안 될 자질이 되었다. 섀클턴은 그의 대원들과 함께 누구도 계획하지 않았고, 또한 누구도 가능한 일이라고 생각조차 할 수 없던 일을 해냈다. 그들은 끝내 모두 살아남았다.

인내함으로써 우리는 승리한다

세렌디피티

예기치 않은 뜻밖의 발견

섀클턴은 그가 지닌 지구력, 통찰력, 창의력 덕분에 인간 능력의 한계를 넘어설 수 있었다. 그가 정해진 목표를 맹목적으로 따라갔다면 아무도 살아 돌아오지 못했을 수도 있었다. 우연히 그리고 원래 목표했던 것보다 훨씬 더 중요할지도 모를 무언가를 발견하는 것, 그것을 우리는 세렌디피티, 즉 '뜻밖의 기쁨'이라고 한다. 그러나 운 좋은 발견과 뜻밖의 해결은 결코 우연히 나타나지 않는다. 조건이 있다. 맹목적으로 무작정 목표를 향해 가는 게 아니라, 가던 길의 이쪽저쪽을 살펴보아야 한다는 것이다. 주의 깊게 살펴보지 않는다면 아무것도 발견하지 못한다. 하물며 특별한 것은 절대 보지 못한다. 세렌디피티는 지구 중력 발견, 크리스토퍼 콜럼버스의 아메리카 대륙 발견, 엑스레이, 다이너마이트, 페니실린, LSD(강력한 환각제-옮긴이) 등과 같은 발명이다. 세상에 알려지지 않았던 것이 밝혀짐으로써 인간은 아는 것이 더 많아진다. 그러나 세상이 자신의 비밀을 알아낼 기회를 열어 주는 것은 아주 잠깐이다. 그것도 인간이 세상에 귀를 기울이고 있지 않은 순간에 찾아온다. 결국 우리 삶의 주변과 우리가 가고 있는 길에 주의를 기울일 때 우리는 아주 많은 것을 배울 수 있다.

원래의 탐험 계획

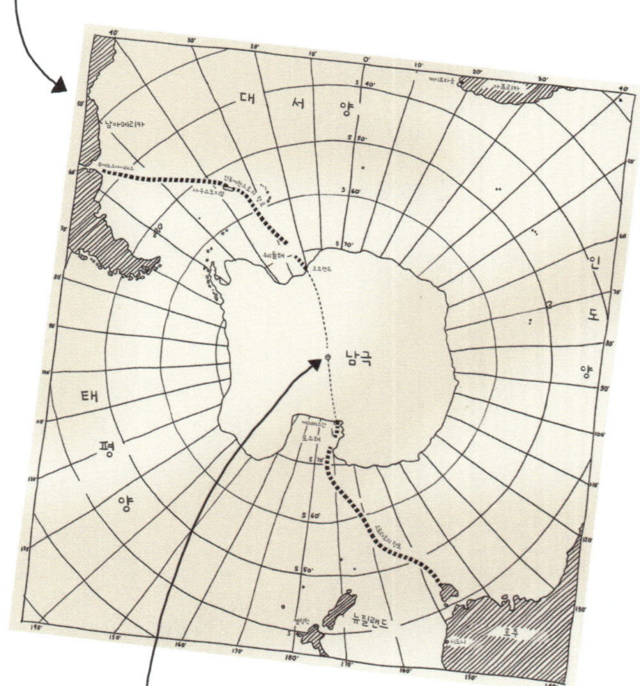

섀클턴은 1915년 크리스마스를
남극점에서 보내기를 바랐다.

생물

남극과 아남극 지역에 사는 조류는 약 40종이다. 바다를 뺀 남극 대륙에서 볼 수 있는 조류는, 날지 못하는 펭귄을 포함해 16종 정도이다. 조류 가운데 가장 사나운 포식자는 남극도둑갈매기인데, 죽은 동물도 먹는다. 남극에서는 사냥꾼이라는 뜻의 영어 명칭 '스쿠아'로 더 많이 알려져 있다. 잘 어울리는 이름이다. 도둑갈매기는 사납고 공격적인 약탈자이다. 그 누구도, 그 어떤 것도 두려워하지 않는다. 특히 자기 영역이나 새끼를 지키기 위해서라면 더욱 그렇다. 다른 바다조류도 공격하고 먹이도 빼앗는다. 자기 둥지에 가까이 오는 사람이 있으면 저돌적인 낙하 비행을 하며 위협하기도 한다.

눈처럼 하얀 흰바다제비는 갈매기처럼 보이지만 갈매기와 달리 자신을 보호할 때는 매우 사납다. 침입자가, 심지어 같은 종인 흰바다제비라도 가까이 다가오는 걸 막으려고 역겨운 악취가 진동하는 위액을 침입자에게 트해 낸다.

완보동물은 인간의 눈으로는 거의 알아볼 수 없는 생물인데, 크기가 0.05~1.5mm 정도이다. 하지만 어떤 환경에서도 살아남을 수 있는, 세상에서 가장 강인한 생명체 중 하나이다. 영하 150℃에서 273℃까지의 온도에서도 생존할 수 있고, 30년 동안 얼음 속에 꽁꽁 갇히더라도 별문제가 없다. 진공상태도, 가장 깊은 심해보다 6배 더 높은 압력도 견디며, 방사선 노출량도 인간보다 천 배는 더 많이 이겨 낼 수 있다. 화산 분화구에서도 완보동물이 발견되었다. 이러한 생존 능력 덕분에 개체 수가 줄지 않았을 것으로 보고 있다. 완보동물은 현재 남극을 포함해 전 세계에 퍼져 살고 있다. 학자들은 '이끼 새끼 돼지'라는 별명으로 부르기도 하고, 영어로는 '물곰(water bear)'이라고 한다. 그러고 보니 우리가 겉모습을 보고 알 수 있는 건 제한적이라는 생각이 든다. 생긴 모습이나 크기로 그것이 어떤 존재인지, 무엇을 견뎌 내며 사는지 알 수 있는 게 없다.

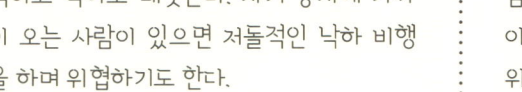

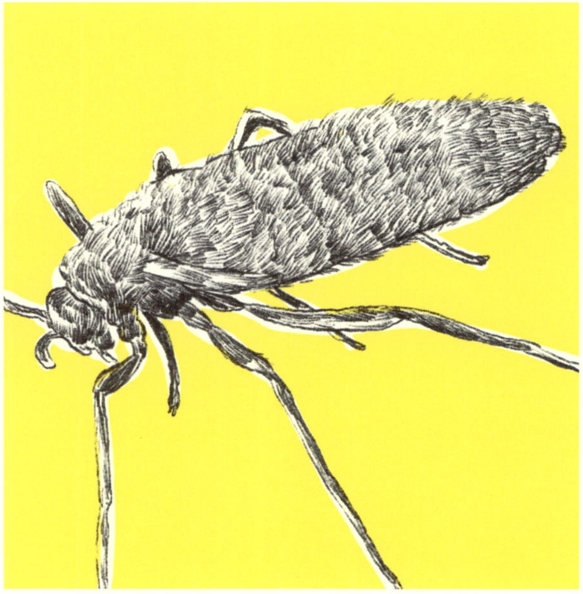

남극에 가장 많고, 내륙에서만 사는 생물은 날개가 퇴화한 깔따구다. 라틴어로는 벨기카 안타르크티카라 하며, 남극 깔따구라고 부른다. 애벌레는 거의 2년 동안 얼음에 덮여 있다가 성충으로 변신한다. 그러고는 길어야 10일 안에 죽는다. 이외에도 남극에는 진드기, 톡토기 등의 곤충과 윤충류, 새각류, 요각루 그리고 이끼에 사는 완보동물도 있다.

원시 야생 상태의 자연 모습이 이러했을까?

성인이 되어 가는 사춘기는 중요한 시기이다. 점점 모습이 어른처럼 변하고, 앞으로의 삶에 영향을 줄 수 있는 결정을 내려야 하기도 한다. 그때 모습이 어중간해 우스꽝스러워 보일 수도 있다. 성체에 이른 황제펭귄도 이와 비슷하다. 깃갈이가 끝나 가는 몸에 여전히 솜털이 남아 있기도 하다. 그런데 이들만이 아니라 누구나 가끔 우스꽝스러워 보일 때가 있지 않은가? 자신은 그렇지 않다고 생각하는 사람이 있다면 아마 원래 늘 그런 모습이기 때문에 모르는 게 아닐까?

발달한 체온 유지 방식이
고, 수심 500m 깊이까지
외적으로 50년까지 사는
트는, 그것도 바로 얼음 위
자 바로 수컷에게 넘긴다.
는 동작은 거의 곡예 수준
배문이다. 수컷은 뱃가죽에
게 품는다. 수컷들은 온기
로 몸을 꼭 밀착해 붙는다.
발꿈치를 조금씩 움직인다.
0km의 강풍이 불 수도 있
려가지 않도록 안쪽에 있는
을 견딘다. 그리고 알에서
0km가 넘는 먼 길을 떠났
제 암컷이 넘겨받고, 그동
먹이를 구하러 바다로 긴

누구든 성장하는 데에는 어려움이 수도 없이 따른다. 어른이 된 다음에는 그런 어려움이 있었는지조차 기억 못 할 수도 있다. 새끼 황제펭귄도 어른이 되려면 맹금류에게 잡아먹히지 않도록 조심해야 하는 어려움이 있다.

남극 문장이 있다면 거기에는 분명 펭귄이 그려져 있을 것이다.

황제펭귄

길　이　100~130cm
몸무게　38kg
개체 수　250만 쌍

지구에서 가장 큰 펭귄이다. 이들에게는
있다. 바닷속에서 18분까지 숨을 참을 수
잠수할 수 있다. 보통 수명은 20년이지
펭귄도 있다. 남극의 겨울에 번식하고 둥
에 트는 유일한 종이다. 암컷은 알을 낳
암컷의 발에서 수컷의 발 위로 알을 굴려
이다. 절대로 알이 얼음에 닿아서는 안 되
주머니처럼 생긴 육아낭에 알을 넣고 떼
가 달아나지 않도록 커다랗게 원을 이루
그때 얼음에 닿는 면적을 가장 적게 하려
기온이 영하 60℃까지 내려가거나 시속
다. 그래서 바깥쪽에 있는 펭귄의 체온이
펭귄과 자리를 바꾼다. 그렇게 하면서 긴
새끼가 부화하고 나면 바다로 먹이를 찾아
던 암컷들이 돌아온다. 새끼 돌보는 임무
안 아무것도 못 먹은 수컷은 굶주림을 끝
여정을 떠난다.

황제펭귄의 알. 크기는 13.5×9.5cm. 1911년에
스콧 탐험대의 사진작가였던 허버트 폰팅이 처음
펭귄 알을 사진으로 남긴 이후 알이 배 모양처럼 생겼다는 것을 알게 되었다.

해수면 아래

해수면 아래에서는 육지와는 전혀 다른 삶이 펼쳐진다. 남극해에는 제일 큰 생물과 제일 작은 생물에 이르기까지 다양한 생물들이 활기차게 생활한다. 모든 생물은 각기 자신만의 생존 전략이 있다. 어떤 종들은 번식력이 더 강하고, 어떤 생물은 생존력이 더 강하다. 그에 비해 조금 연약하고 예민한 종들은 변화에 좀 더 빠르게 반응한다. 어떤 동물은 사람들에게 인기가 있고, 만화의 주인공이나 인형의 모델이 되기도 한다. 반면에 사람들이 무서워하거나 혐오하는 동물도 있다. 세상에 있는 동물을 인간이 다 알지는 못한다. 아직 발견되지 않은 동물도 많을 것이다. 크든 작든 강하든 약하든, 모든 생물은 다 매력적이며 함께 어우러져 생태계를 구성한다. 즉 동물과 식물, 환경이 놀라울 정도로 밀접하게 관계를 맺고 있다. 제일 작은 생물도 가장 큰 생물의 삶에 매우 중요하다. 이렇게 모든 생물이 함께 어우러지면서 자연이 풍요로워지고, 지구는 놀라울 만큼 다양한 생물체로 가득 차게 된다.

남극 크릴새우는 무게가 2g이고, 6cm까지 자란다. 많을 때는 물 1㎥ 속에 1만 마리에서 3만 마리까지 산다. 수명은 6년이고, 다른 바다 동물들의 먹이가 된다. 전 세계 바다에 있는 크릴새우의 총량은 약 50억 톤 정도로 추산한다. 이 말은 곧 정말 많은 생물의 먹이가 되고 있다는 뜻이다.

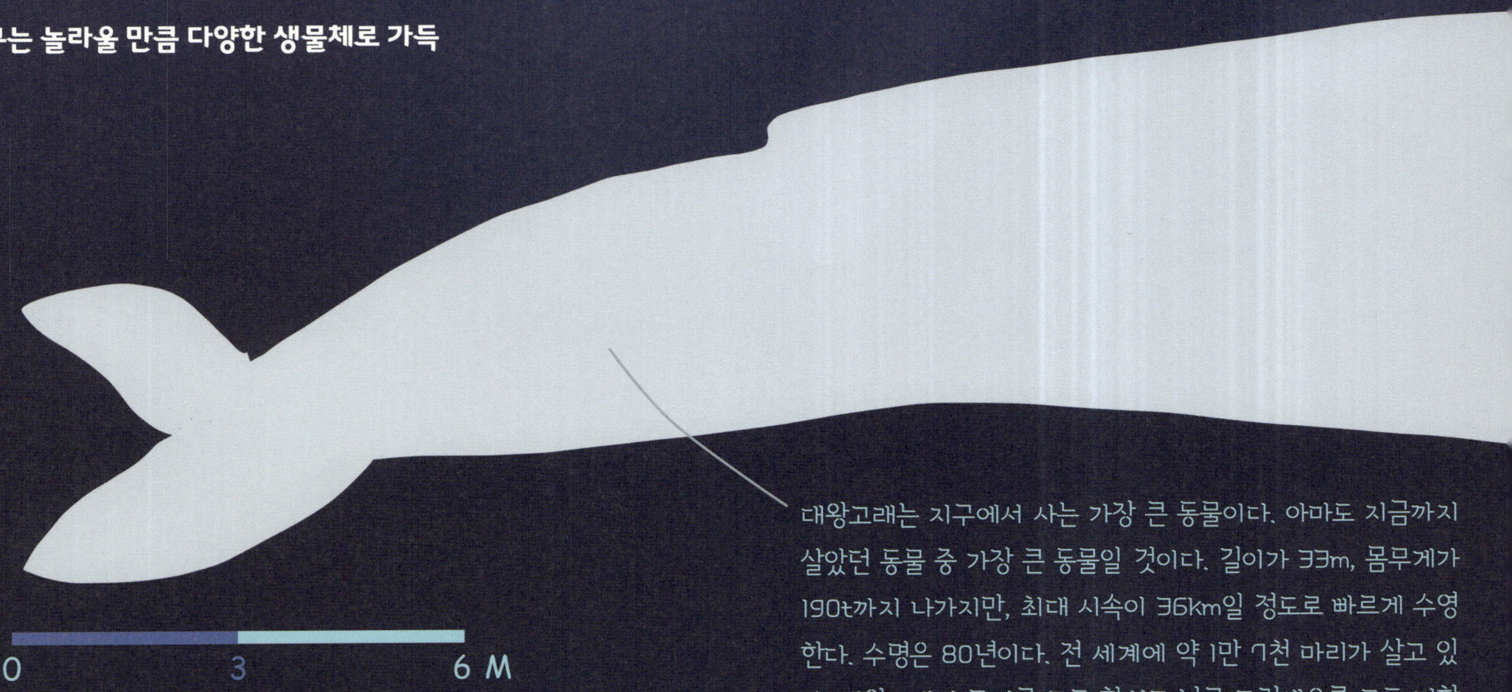

대왕고래는 지구에서 사는 가장 큰 동물이다. 아마도 지금까지 살았던 동물 중 가장 큰 동물일 것이다. 길이가 33m, 몸무게가 190t까지 나가지만, 최대 시속이 36km일 정도로 빠르게 수영한다. 수명은 80년이다. 전 세계에 약 1만 7천 마리가 살고 있다. 대왕고래의 무게를 모두 합쳐도 남극 크릴새우를 모두 더한 무게보다 훨씬 적다.

대왕고래가 크릴 잡는 법?

1. 크릴이 많이 있는 곳에 잠수해, 공기 방울로 크릴을 가둘 터널을 만든다.

2. 입을 벌린 채 크릴이 모여 있는 수면으로 헤엄쳐 올라간다. 수면에 거의 다다랐을 때 입을 다시 닫는다.

3. 대왕고래에게는 이빨 대신에 체의 역할을 하는 촉수가 있다. 혀로 물을 입 밖으로 밀어내고 크릴만 남긴다. 그러고 난 뒤 몸을 돌려 수면 위로 꼬리지느러미를 흔들며 다시 다음 한입을 준비한다. 한입에 약 40t의 물과 함께 입 안 가득 크릴을 빨아들일 수 있다.

고래 꼬리는 인간의 지문과 같다. 고래 꼬리 사진을 갖고 있다면 웹사이트(www.HAPPYWHALE.COM)에서 누군가 그 고래를 본 적이 있는지, 그리고 어디서 봤는지 확인할 수 있다.

대왕고래 심장은 승용차 한 대 크기만 하다.

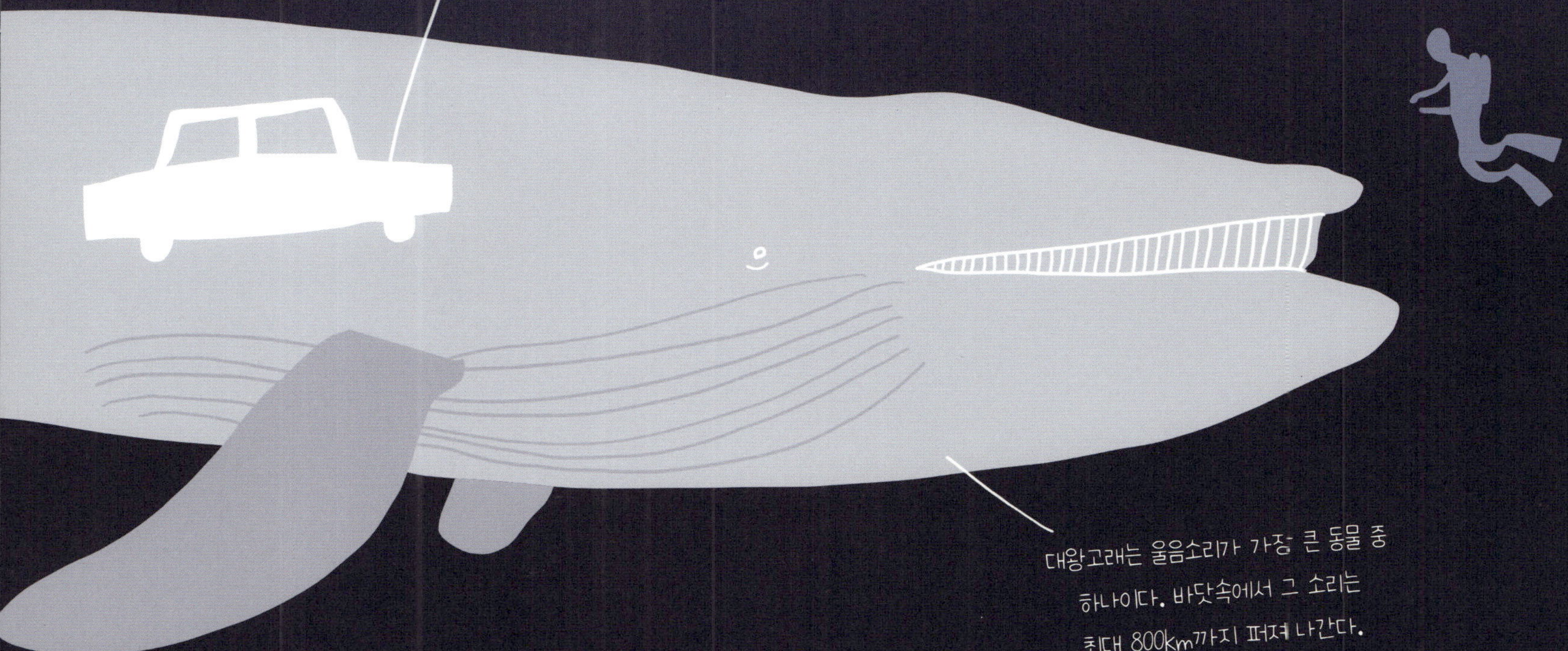

대왕고래는 울음소리가 가장 큰 동물 중 하나이다. 바닷속에서 그 소리는 최대 800km까지 퍼져 나간다.

바다가 숨을 쉰다.

파도의 세기는 들숨과 날숨의 세기와 같다.

어떨 때는 숨을 쉬지 않는 것처럼 보이고, 어떨 때는 계속 숨을 헐떡이는 것처럼 보일 때도 있다.

바다는 말 그대로 정말 숨을 쉰다. 바닷속에 사는 해조류와 남조류 같은 식물성 플랑크톤이 나무처럼 이산화탄소를 산소로 바꿔 준다. 즉, 광합성 작용을 한다. 바다가 전 세계 산소의 절반 가량을 생산한다. 우리 인간이 숨을 쉴 수 있는 것은 바다 덕분이다.

물이 있는 곳에 생명체가 있다.
지구를 '푸른 행성(Blue Planet)'이라고 부르는데,
전체 면적의 약 3/4이 바다이기 때문이다.

바다 주변의 모습은 계속 바뀌지만, 바다는 늘 그대로이다.

출항 1~2 시간 뒤
...

맞아요! 바로 그 일이 정말 일어났어요

낮과 밤

강물이 끊임없이 흐르듯 드넓은 바닷물도 계속 흐른다. 바닷물의 흐름을 강과 비교해 생각한다면 남극 대륙의 해류가 세상에서 가장 큰 강이라고 할 수 있다. 남극 대륙의 해류는 다른 모든 해류를 움직이게 만들어, 흐르고 나아가게 하는 발전기의 회전자(발전기나 전동기 등 회전 동작과 관련된 장치에서 회전하는 부분—옮긴이) 같다. 해류는 다양한 온도와 다양한 염기의 바닷물이 만나면서 발생한다. 대양의 밑바닥에는 찬 해류가 흐르고, 그 위로 따뜻한 해류가 흐른다. 이 때문에 해류의 중요한 특성이 생겨난다. 즉, 해류가 기후 변화에 영향을 미치게 된다. 그 결과 남극 대륙의 해류는 유럽 대륙처럼 멀리 떨어진 곳까지도 영향을 미친다. 이렇게 세상은 보기보다 더 밀접하게 연결되어 있다.

남극 대륙을 감싸며 아주 강한 해류가 흐른다. 이것을 남극 환류라고 부른다. 이것은 남극 대륙의 가상 국경 역할을 하며, 따뜻한 바닷물이 차가운 남극해로 접근하지 못하게 한다. 그 결과 남극 바닷속에는 다양한 고유종이 번성할 수 있다. 고유종이란 한 특정 지역에서만 사는 동물을 말한다.

남극의 여름 평균기온은 영하 30℃이고, 겨울 평균기온은 영하 65℃이다.

남극의 낮인 백야(밤에 어두워지지 않는 현상—옮긴이)는 9월 23일부터 이듬해 3월 21일까지 지속되며, 나머지 반년에는 남극의 밤인 극야(겨울철 고위도 지방이나 극점 지방에서 추분부터 춘분 사이에 오랫동안 해가 뜨지 않고 밤만 계속되는 상태—옮긴이)가 펼쳐진다. 북극에서는 정확하게 이와 반대다.

빙하는 내린 눈이 얼어붙으면서 생겨난다. 호주를 제외한 모든 대륙에 빙하가 있다.

겨울에 남극해는 언다.
그래서 남극에 들어가고 나가는 것이
거의 불가능하다.

한 겨울 · 백야와 극야
빙산은 남극에서 수천 킬로미터 떨어진 곳까지 흘러가기도 한다. 아프리카 해안까지 떠내려간 빙산도 있다.
오로라

이미 아주 오래전부터 사람들은 오로라가 펼쳐지는 멋진 우주쇼를 봤다. 그것을 보며 하늘에서 거대한 용과 뱀이 서로를 쫓아다닌다거나, 신들이 춤을 추고 있다거나, 등불을 든 영혼이 죽은 사냥꾼을 찾아다닌다거나, 죽은 영혼들이 춤을 추는 것이라고 생각했다. 때에 따라서는 마법의 힘을 지닌 하늘의 빛이 자신들의 생명에 영향을 미칠 수 있다고 생각했다. 오늘날 우리는 오로라가 태양에서 방출된 입자들이 대기로 진입하면서 빛을 내는 현상이며, 태양에서 지구에 도달하기까지 이틀 정도 걸린다는 것을 안다. 대부분 입자는 지구 주위의 자기장 밖으로 흩어진다. 그러나 자기장이 약한 극지방에서는 대기를 뚫고 들어와 하늘 높이 매력적인 쇼를 펼친다. 오늘날 과학자들이 오로라의 신비를 풀었다 해도, 오로라는 조금도 변함없이 아름답다. 북극 지방에서 펼쳐지는 오로라는 북극광, 남극 지방 오로라는 남극광이라고 부른다.

지표면

만년설

만년설은 땅에 쌓여 얼어붙은 눈이다. 얼어붙은 눈은 차츰 압력에 의해 얼음이 된다. 얼음은 천천히 바다 쪽으로 이동하며 육지에서 떨어져 나가기도 한다. 이것을 '빙산'이라고 한다. 크기가 큰 빙산은 녹아 없어질 때까지 몇 년 동안 바다 위를 떠다닌다.

누나타크

누나타크는 얼음 위로 솟아오른 암반이다. 어두운 빛깔의 암반은 흰 눈처럼 태양 빛을 반사하지 않는다. 그래서 여기는 조금 따뜻하다. 얼음이 녹으면서 습기가 생겨 이끼류가 자랄 수 있다. 그러나 이끼류보다 더 큰 식물은 없다. 따뜻한 곳은 고작 바위 표면 위 몇 센티미터 정도이기 때문이다. 남극은 99.7%가 얼음으로 덮여 있고, 나머지 0.3%는 솟아오른 기반암이다.

내륙빙하

빙하는 땅에 내린 눈이 쌓이고 다져져 생겨난 얼음층이다. 곳에 따라서 4,500m가 넘는 거대한 빙하도 있다. 우리 지구의 기억을 저장한 빙하는 과학자들의 연구 대상이 된다. 얼음에는 해마다 여름 단층과 겨울 단층, 이렇게 두 개의 단층이 축적된다. 나무의 나이테처럼. 시추 작업을 통해 얻은 얼음 기둥에서 선사 시대 지구에 관한 많은 정보를 얻을 수 있다. 남극 빙하에는 육지의 땅과 얼음층 사이에 지하 호수(빙저호)가 숨겨져 있다. 이런 호수는 370여 개가 있다고 알려졌는데, 그중 보스토크호가 가장 크다. 그 위에 호수와 이름이 같은 보스토크 기지가 있다.

빙붕

빙붕은 얼음판이다. 그 아래는 육지가 아니라 바다이다. 빙붕은 선반(shelf)이라는 뜻의 영어에서 차용된 단어이다. 두께는 100m에서 무려 1km에 이르기도 한다. 가장 큰 빙붕은 로스 빙붕인데, 그 크기가 프랑스 전체 면적과 비슷하다.

영구동토층

영구동토층은 최소 2년 내내 얼어붙은 땅이나 암반을 말한다. 남극을 덮고 있는 얼음 아래에 영구동토층이 있다. 영구동토층은 엄청난 힘으로 그 아래에 있는 땅을 누른다. 얼음이 모두 녹는다면 압력을 받지 않고 남극의 땅이 올라올 수 있을지도 모른다. 그러나 어느 정도 높이로 올라오게 될지 정확히 계산할 수 없으므로 얼음 없는 남극 지도를 그리는 것이 가능할 것 같지는 않다.

태양

태양과 가장 멀리 떨어진 곳이 극지방이고, 태양과 가장 가까운 곳이 적도이다. 남극에서는 반년 동안 백야가 계속된다. 모든 지표면이 흰 눈과 얼음 아래에 놓이고, 공기가 무척 건조해서 태양 빛이 공중으로 다시 반사된다. 남극에서는 온기가 머물러 있을 곳이 전혀 없다. 그 대신 엄청나게 많은 빛이 눈에 반사되기 때문에 설맹의 위험이 있다.

남극에서 선글라스는 패션 액세서리가 아니라 주요 필수장비 중 하나이다. 이 사실을 잘 알았던 스콧 대장은 원주민 이누이트의 방식으로 자신이 쓸 선글라스를 만들게 했다.

펭귄 서식지

펭귄은 삶의 3/4을 바닷가에서 지낸다. 그래서 둥지를 바닷가 가까운 곳에 짓는다. 다만 황제펭귄은 예외인데 이들은 바닷가에서 수십 킬로미터 떨어진 내륙에 서식지를 둔다. 펭귄은 아주 사회적인 동물로 수십 마리에서 200만 마리까지 서식지에 함께 모여 산다. 개체 수는 종마다 차이가 있다.

해빙

바다는 영하 2℃ 정도에서 얼어붙으며, 해수면에만 얼음이 만들어진다. 바다 얼음, 즉 해빙과 바다에 떠다니는 얼음덩어리인 부빙은 아주 다르다. 부빙은 면적의 90%까지 해수면 아래 숨어 있을 수 있다. 그래서 선박에 위협이 되는데, 타이태닉호 이야기가 대표적이다.

빙산

빙산은 빙하나 빙붕에서 깨어져 나온 얼음덩어리이다. 눈이 쌓여 얼어붙은 것이기 때문에 빙산은 바다 얼음처럼 짜지 않다.

해수면

해수면은 해발고도 0m에 있다. 이것을 기준으로 육지의 높이나 바다의 깊이를 계산한다. 해수면은 우리가 생각하듯이 그대로 있는 게 결코 아니다. 지구 온난화로 빙하가 녹으면서 해수면이 높아지고 있다. 남극 얼음이 모두 녹으면 해수면이 60m 정도 올라간다고 한다. 그렇게 되면 베를린, 뉴욕, 상하이, 방콕, 베네치아, 암스테르담 등을 포함한 많은 도시가 해수면 아래 놓이게 된다.

빙산

빙산은 빙하에서 떨어져 나와 떠다니는 얼음덩어리이다. 그것이 녹기까지 수십 년이 걸릴 수도 있다. 우리 눈에 보이는 부분은 전체의 1/10밖에 안 된다. 그래서 작은 빙산이라도 선박에는 큰 위협이 된다. 해마다 15,000개 정도의 빙산이 떨어져 나온다. 기록에 따르면, 가장 큰 빙산은 2000년 3월에 남극에서 떨어져 나온 빙산이다. 이 빙산의 이름을 'B-15'라고 붙였는데, 세상에서 가장 큰 빙산의 이름치고는 전혀 멋지지 않다. 그러나 이 명칭에는 빙산의 족보를 표기하려는 목적이 숨어 있다. 왼쪽 그림처럼 남극을 편의상 네 부분으로 나눠 놓았는데, 알파벳 'B'는 남극의 어느 부분에서 얼음이 떨어져 나왔는지를 말해 준다. 숫자 '15'는 하늘에서 관측한 몇 번째 얼음덩어리인지를 표시한다. 이 얼음덩어리에서 또 다른 조각이 떨어져 나온다면 그것은 'B-15A'라는 이름을 얻을 것이다. 남극 B 지역의 15번째 빙산에서 떨어져 나온 첫 번째 얼음덩어리라는 뜻이다.

빙산을 바라보고 있으면 조금도 지루하지 않다. 왜 그런지 알 수는 없으나 한 시간 내내 쳐다보고 있어도 질리지 않는다. 오히려 마음이 차분해진다. 불이나 구름을 바라볼 때와 같다. 왜 그럴까?

우리가 보는 것이 빙산의 일부라는 사실은 잘 알려져 있다. 우리가 세상을 보는 것도 그렇지 않을까? 전체가 아니라 1/10만 보는 것은 아닐까? 그 나머지는 우리가 경험했거나 아는 것에 비추어 추정하고 짜 맞추는 것은 아닐까? 그렇다면 더 많은 부분에 대해 잘못 생각하는 것은 아닐까?

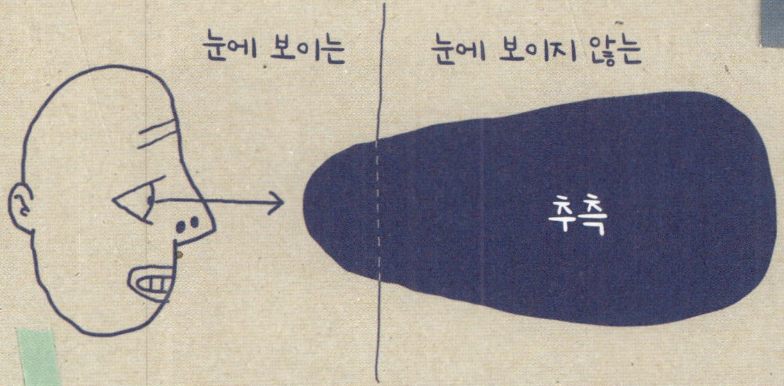

우리는 오감을 통해 세상을 인지한다. 그런데 네 가지 감각만 있다면 어떻게 될까? 아니면 여섯 가지 감각이었다면? 세상은 하나이지만 우리가 그 세상에 대해 얻는 정보는 다를 수 있다. 비록 많든 적든 우리가 세상에 대해 인지할 수 있다고 해도 그것은 전체 중 일부일 뿐, 그 나머지는 여러 가능성을 생각해 봐야 한다. 그러니 이때 명심해야 할 것이 있다. 보이지 않는 부분에 대해서는 누구나 각자 다르게 생각할 수 있다는 것이다.

남극은
무슨 색일까?

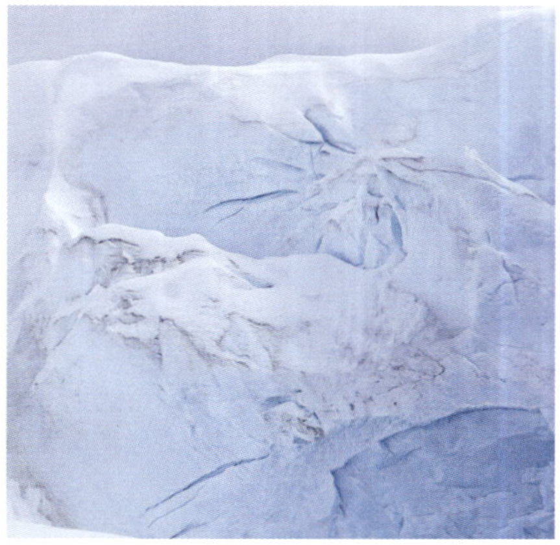

모든 색에는 다
이름이 있을까?

어떤 날씨가
좋은 날씨일까?

남극에서
해가 뜰 때까지,
또는 질 때까지
시간은 얼마나 걸릴까?

남극은 지금
몇 시일까?

남극은
어떤 냄새일까?

국경을 처음 생각한
사람은 누구일까?

남극은 어떤
소리일까?

아문센이 남극에
눈사람을
만들었을까?

세상에서 가장
중요한 질문은?

날씨가 추울 때는
영하 몇 °C까지
내려갈까?

빙산이 갈라질 때
어떤 소리가 날까?
쾰른 대성당의
종소리 같을까?

아직 그 누구도
보지 못한 것은
무엇일까?

눈의 색은
몇 가지나 될까?

어떻게 봐야
제대로 볼 수 있을까?

세상을 보는 시각?

무언가를 보고자 하는 사람은 볼 수 있는 능력이 있어야 하며, 좋은 관찰자여야 한다. 세상을 보는 방식에는 여러 가지가 있다. 그중 세 가지를 이야기해 보자. 첫째는 감탄할 줄 아는 태도이다. 둘째는 사물을 서로 관련지어 통합하고, 아는 것과 비교해 보는 태도이다. 셋째는 한편으로는 부정하면서 다른 한편으로는 자신의 방식을 고수하며 주변의 영향을 받지 않고자 하는 태도이다. 어떤 태도가 맞는지는 상황에 따라 달라질 수 있다. 때로는 서로 결합해야 옳을 때도 있다. 물론 가장 중요한 것은 세상을 보는 시각은 본인 스스로 결정한다는 사실이다.

1.

오, 이럴 수가!

우리가 여행 갔을 때처럼 새로운 환경을 마주하면 주변을 둘러보며 새로운 것을 하나하나 챙겨보게 된다. 자신에게 익숙하지 않은 것은 여러 번 주의 깊게 주목해 보게 된다. 그래서 가끔 이것저것 소개하는 안내자 없이 여행하는 것도 좋다. 새로운 것에 깊은 인상을 받고 감탄할 줄 아는 사람이라면 이렇게 말할 것이다. "오, 이럴 수가!"

그래, 알겠어!

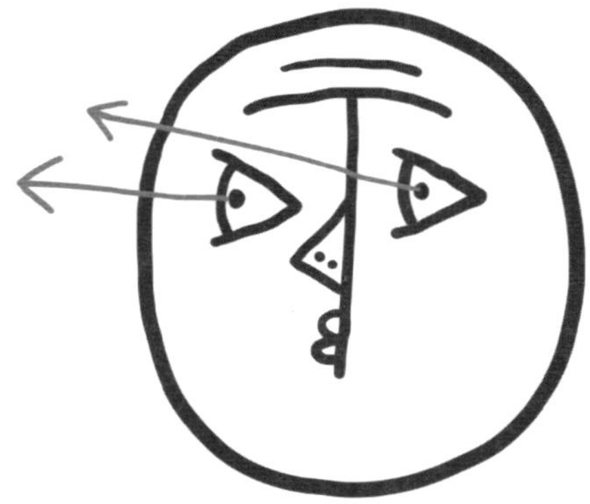

2.

많이 안다는 것은 멋진 일이다. 세상일을 잘해 나갈 수 있고, 주변에서 일어나는 일을 이해할 수 있도록 해 주니까 말이다. 하지만 세상을 그런 식으로만 본다면 더는 새로운 것을 발견하지 못한다. 우리가 볼 수 있는 것은 기껏해야 이미 알고 있는 것과 비교해 보는 것밖에 안 될 테니 말이다. 우리의 시선에 들어온 것을 보고는, '응, 그거' 이렇게 한마디 하고는 끝내 버리게 된다. 그렇게 되면 그것이 갖고 있을지 모를 신비한 매력과 뜻밖의 기쁨을 누릴 기회를 잃어버리게 된다. 안타까운 일이다. 무언가에 이름을 붙이는 것은 마법과 같다. 아는 것이 힘이 되기 때문이다. 그렇다고 해서 그것을 이해했다는 의미는 결코 아니지만 말이다.

3.

그래서 뭐?

음… 그래서 뭐? 이것은 자신을 놀라게 할 게 아무것도 없다는 듯한 사람의 태도이다. 이것은 자신이 무언가를 알지 못한다는 게 두려운 터프가이의 방어적인 태도일 수 있다. 모르는 것은 그의 관심사가 절대 될 수 없다. 왜 그럴까? 자신의 태도를 바꿔야 할 수도 있고, 또는 자신이 틀렸다는 걸 의미할 수도 있기 때문이다. 터프가이는 절대 틀려서는 안 된다. 놀란다는 건 그에게 약하다는 것을 뜻할 수도 있다. "그래서 뭘…." 이것은 놀라운 일이 일어날 수도 있다는 것을 염두에 두지 않는 사람의 무심한 태도이다. 기대하는 게 아무것도 없다면 그것이 일어나고 있어도 알아채지 못한다.

우리가 귀를 기울일 때 무슨 소리를 듣는 걸까?

옛날에는 깊고 깊은 숲속에서 으스스한 소리가 들려오면 그곳에 어떤 알지 못하는 신비한 동물이 살고 있다고 생각했을지 모른다. 그런데 오늘날 똑같은 숲에 서서 그와 같은 소리를 듣는다면 모바일 앱을 사용해 동물의 소리를 입력할 것이다. 앱에서는 그게 위험한 동물인지, 희귀동물인지, 새끼를 밴 동물인지 등 많은 정보를 알려 줄 것이다. 그래서 사실 놀랄 일이 별로 없다. 그렇다면 오늘날 변한 것은 과연 무엇인가? 숲인가, 아니면 인간의 인지 방식인가?

우리는 눈으로 보며 세상의 많은 걸 경험한다. 그러나 청각도 매우 중요한 역할을 한다. 우리가 의식하지 못하는 사이에 자주 사용하는 청각은 공간 감각을 유지하는 데에 아주 중요하다. 남극에서는 자주 설맹(눈에 반사된 햇빛의 자외선이 눈을 자극하여 일어나는 염증—옮긴이) 증상이 나타난다. 이 증상이 나타나면 온통 빛이 반사되어 눈이 부시고, 하늘도 땅처럼 온통 하얗게 보인다. 누가 지워 버린 것처럼 지평선도 주위도 아무것도 보이지 않는다. 지금 언덕 비탈길을 올라가고 있는지 아니면 내려가고 있는지, 제대로 가는지 아니면 거꾸로 가는지 등 도무지 알 수 없다. 남극이 지구에서 가장 바람이 많이 부는 곳이기에 들리는 소리라고는 윙윙대는 바람 소리뿐일 때가 많다. 이런 곳에서 길을 잃지 않을 사람이 있을까? 상상해 보라! 그런 지역을 몇 주 동안 돌아다닌 초기 극지 탐험가들에게 어떤 영향을 주었을지!

그럼 바람이 멈추면 무슨 소리가 들릴까? 걸어가면서 들리는 것은 눈 소리일 것이다. 그 소리는 눈 온도에 따라 다르다. 눈이 꽁꽁 얼어 있으면 있을수록 눈 소리는 더 커진다. 눈은 대략 영하 2℃ 정도에서 으드득 소리를 내며 깨진다. 들리는 것은 바로 눈 결정체가 부서지는 소리이다. 그보다 기온이 높아지면 결정체가 녹기 시작하면서 '쩍쩍' 눈 녹는 소리가 들린다. 체코 작곡가 미로슬라프 스른카는 오페라 〈남극〉을 작곡하면서 이런 것을 모두 작품에 집어넣으려고 했다. 그는 인간의 한계를 느끼게 만드는, 쉽게 다가갈 수 없이 끝없이 펼쳐진 남극, 그 공간의 소리를 음악적으로 표현했다. 눈을 감고 남극의 소리를 상상해 보라.

섀클턴의 님로드호 탐험대원이 아델리펭귄 앞에 축음기를 틀어 놓았다. 무슨 곡이었을까?

얼음은

눈은 무슨 색일까? 모두 흰색이라고 답할 것이다. 하지만 아니다. 무색, 즉 아무 색깔이 없다. 눈이 흰 것처럼 보이는 이유는 눈 결정체에 비친 빛이 반사되기 때문이다. 빛이 반사되지 않고 흡수된다면 검은색으로 보일 것이다. 푸른색을 띠는 빙하도 많다. 그 얼음 결정체 구조가 파란색을 제외하고 모든 색을 흡수하기 때문이다. 푸른색 얼음은 흰색 얼음보다 더 단단하며, 공기를 적게 품고 있다. 깊은 빙하 틈 속을 내려다보면 얼음구멍을 들여본다기보다는 경찰차의 파란색 경광등을 보는 느낌이 든다.

빙하는 한 권의 책과 같다. 눈이 내려 쌓인 한 층이 한 쪽이다. 남극에는 빙점 이하의 추위가 지속되는 곳이 많다. 내린 눈이 얼어붙고, 그 위에 또 눈이 쌓이면서 새로운 쪽이 더해진다. 쪽마다 과학자들에게 중요한 정보들이 엄청나게 기록된다. 빙하는 지구의 변화를 간직한 책이다.

빙하에는 수십 미터 깊이의 크레바스가 여기저기 흩어져 있다. 어떤 것들은 눈에 덮여 있어서 아예 보이지 않는다. 발걸음을 내디딜 때마다 주의 깊게 살펴보지 않으면 발아래가 꺼지며 유리 깨지는 것 같은 소리가 날 수 있다. 그리고 아무도 찾지 못하는 차갑고 깊은 구멍 속으로 영원히 사라질 수도 있다. 그렇게 1912년 12월 14일에 더글러스 모슨이 이끄는 극지 탐험대의 벨그레이브 니니스가 사라졌다. 같은 대원이었던 노련한 스위스 산악인 자이버 메르츠가 그날 일을 이렇게 기록했다. "밤 1시경 그동안 수도 없이 경험했던 크레바스가 앞에 있어서 그것을 건너뛰었다. 그리고 뒤에 따라오던 썰매 두 대 쪽으로 조심하라고 소리쳤다. 약 5분 뒤에 뒤를 돌아보았다. 내 뒤로 모슨은 왔는데, 어디에도 니니스가 보이지 않았다." 그의 썰매에 대원들과 개들 식량이 있었기에 더욱 낭패였다. 구조하기 위해 갖은 노력을 다했지만, 구조 작업에서 다시 돌아온 것은 모슨뿐이었다. 오늘날 탐험대는 알지 못하는 지역을 갈 때 서로 밧줄을 연결해 확인한다. 선두가 긴 막대를 들고 앞쪽 표면 상태를 점검한다. 선두에 빙포차(빙판을 평평하게 고르는 일을 하는 차량—옮긴이)와 불도저가 천천히 갈 수도 있는데, 앞쪽 안테나에 센서가 달려 있어서 얼음이 사람 무게를 지탱할 수 있는지 확인해 준다.

눈송이 하나가 남극에 내려 바다에 도착하기까지
약 5만 년의 시간이 필요하다.

프랑스 빙하학자 클로드 로리우스가 1998년에 보스토크 기지에서 깊이가 3,603m인 구멍을 뚫었다. 그것으로 42만 년 전 과거 속으로 들어가 볼 수 있게 되었다. 남극에서 캐낸 가장 오래된 얼음 조각은 270만 년 된 것이다. 얼음 속에는 그 시대의 공기 방울이 들어박혀 있다. 그것은 아직 인간이 살지 않던 지구의 원시시대에 관해 많은 걸 알려 준다. 그 정보를 통해서 지구 역사의 여러 시기를 서로 비교할 수 있고, 지구의 기후와 환경에 미친 영향이 무엇이었는지 규명할 수 있을 것이다.

기억 보관소다

인간의 활동은 지구 기후에 영향을 미치는데, 안타깝게도 그 결과는 긍정적이지 못하다. 바다 온도가 높아지면서 남극 지역의 빙하는 더 빨리 녹고 있다. 과학자들은 2100년까지 남극과 그린란드, 그리고 다른 빙하 지역의 얼음이 녹으면서 해수면이 1m 이상 높아질 것이라고 예상한다. 앞으로 해수면이 얼마나 더 상승할지는 알 수 없다. 그것은 인류가 온실가스를 얼마나 많이 배출하느냐에 달려 있다. 지구 기온이 상승하는 주된 원인이 온실가스이기 때문이다. 다시 말해 이 문제는 우리에게 달려 있다. 우리는 소비를 제한하고 환경오염을 막도록 정치가들을 설득해야 한다. 또 대기업들이 이익만 추구하지 말고 지구의 미래가 걸린 환경문제에 책임을 갖도록 요구해야 한다. 지구는 다음 세대에게, 그리고 그다음 세대에게 계속 물려주어야 할 소중한 자산이다. 지구를 다음 세대에게 어떤 상태로 넘겨주게 될지, 지구의 수명이 짧아질지 또는 늘어날지 등 지구의 미래는 지금 현재 지구에 사는 우리 손에 달려 있다.

대 서 양
태 평 양
서남극
남극점
남극권
남오크니 제도
오르카다스 베이스 1904
시그니 1947
노이마이어 III 2009
사나에 IV 1980
바사 1989
아보아 1989
코넨 2001
스베아 1988
라존첸 빙붕
코츠 랜드
핼리 1956
벨그라노 II 1955
웨들 해
필히너 빙붕
버크너섬
론 빙붕
빈슨 매시프 4892m
아문센-스콧 1956
엘스워스랜드
벨링스하우젠해
아문센 해
마리버드랜드
루스카야 1980
로스 빙붕
루스벨트섬
고래만
로스 해
남극 반도
에두아르도 프레이 1969
아르티가스 1984
코만단테 페라지 1984
아르투로 프라트 1947
세종기지 1988
벨링스하우젠 1968
에스쿠데로 1994
잘라니 1953
아르토우스키 1977
마추피추 1989
장성 1985
말도나도 1990
카마라 1953
후안 카를로스 I 1988
오리드스키 1988
카스티야 1990
디셉션 1948
멜키오르 1947
킹조지섬
오히긴스 1948
가르스 오히긴스
에스페란자 1953
마람비오 1969
멘델 2006
프리마베라 1977
비델라 1951
브라운 1951
옐초 1962
팔머 1965
베르나드스키 1994
산 마르틴 1951
커리츠 연구소 1975
로데라 1975
포실 블러프
60°
70°
80°

남극 지도
0
500
1000 KM
킹 하콘 VII 해
마이트리 1989
노보라자레프스타야 1961
트롤 1990
자나 1991
트르 1993
엘리자베스 2007
쇼와 1957
몰로데즈나야 1962
벨라루스 2007
미즈호 1999
뉴 슈 바 벤 란 트
퀸 모 드 랜 드
돔후지 1995
맥 로 버 트 슨 랜 드
모슨 1954
멘지스산 3355m
애머리 빙붕
중산 1989
라코비처 1987
바라티 2012
데이비스 1957
프로그레스 1988
동 남 극
타이산 2014
도달불능 극점
쿤룬 2009
서 빙붕
80°
70°
60°
미르니 1956
자기장 극점
퀸 메리 랜드
섀클턴 빙붕
보스토크 1957
1983. 7. 21. 측정온도 -89°C
케이시 1969
콩코르디아 1977
인 도 양
월 키 스 랜 드
보에이코프 빙붕
반다 1974
스콧 베이스 1957
맥머도 1955
테러산 3230m
에레버스산 3794m
빅 토 리 아 랜 드
마리오 주켈리 1986
장보고과학기지 2014
뒤몽뒤르빌 1956
레닌그라드스카야 1971
지리적 남극점(2019)
남극해 경계

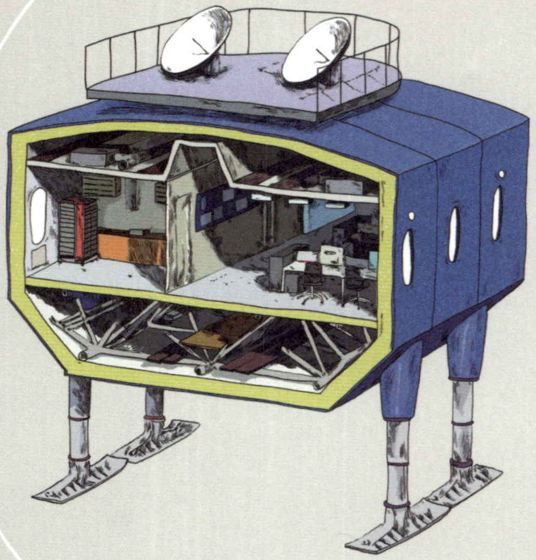

핼리 6호

영국
남위 75°34'25", 서경 25°28'01"
상주기지
52명 수용

기지는 스키 모양의 대형 유압 받침대 위에 세워진 건물 8개가 서로 이어져 있는 모습이다. 건물은 불도저로 이동할 수 있다. 건물의 색은 여러 달 머무르는 과학자들이 남극에서 볼 수 없는 색으로 선택되었다. 내부에는 향이 좋은 레바논 삼나무 목판으로 된 계단도 있다. 이것도 남극에서는 맡을 수 없는 냄새로 후각을 자극하도록 하기 위한 배려이다. 1956년에 핼리 1호가 처음 세워진 뒤 6호까지 생겨났다. 기지는 단단한 땅이 아니라 움직이는 빙하 위에 세워졌다. 초기 건물은 얼음이 움직이며 뒤틀려 버렸다. 이를 방지하기 위해 노력한 결과, 미래 건축물 형태인 이동식 차량 건물이 생겨났다.

곤잘레스 비델라

영국
남위 75°34'25", 서경 25°28'01"
상주기지
52명 수용

기지 이름은 1940년에 남극을 방문했던 칠레 대통령의 이름에서 따왔다. 다른 많은 기지처럼 펭귄 서식지 근처에 세워졌다. 그곳에 가면 제일 먼저 펭귄 배설물의 강렬한 악취가 코를 찌른다.

맥머도

미국
남위 77°50'53", 서경 166°40'06"
상주기지
1,200명 수용

남극에서 규모가 가장 큰 기지이며, 다른 기지의 보급로 역할도 한다. 때마다 트랙터로 남극점까지 길을 정비하는데, 이 길을 맥머도 남극 고속도로라 부른다. 남극에서는 표준 시간대가 적용되지 않는다. 각 기지는 자국의 표준 시간대를 사용한다. 그렇다면 미국은 시간대 4개를 사용하는데, 맥머도에서는 어떻게 할까?

베르나츠키

우크라이나
남위 65°14'44", 서경 64°15'27"
상주기지
24명 수용

1994년에 우크라이나가 영국으로부터 사들인 기지이다. 원래 이름은 패러데이였다. 이곳은 대원들 간의 교류를 중요시해 술집도 있다.

노이마이어 3호

독일
남위 70°41'00", 서경 08°16'00"
상주기지
40명 수용

축구 경기장 반 정도 크기로 비교적 규모가 큰 기지이다. 쌓이는 눈 위로 건물을 들어 올릴 수 있는 유압 버팀대 기둥이 건물을 받치고 있다. 누나타크 같은 단단한 암반이 아니라 움직이는 빙하 위에 건물을 세울 때 생길 수 있는 문제를 이 기둥이 멋지게 해결해 주었다.

남극에는 총 30여 개 나라에서 세운, 70개가 넘는 기지가 운영되고 있다. 초기 남극 탐험 시기의 기지로는 영국 탐험대가 남극 여정을 떠나기 전 겨울을 났던 스콧 기지가 있다. 그곳은 현재도 방문해 볼 수 있다. 추위와 건조한 기후에도 잘 보존되고 있다. 아문센의 베이스캠프는 이제 볼 수 없다. 얼음 아래로 가라앉아 사라졌기 때문이다. 비록 과학자들 말고 남극 기지를 방문하는 사람이 거의 없지만, 남극에 자국 기지를 세우는 것이 국가 위신의 문제라고 생각하는 국가들도 있다. 기지 건설 작업은 커다란 도전이 되었고, 시간과 더불어 건축 기술이 점차 발전해 갔다. 최고 건축가들에게 환경 쓰레기를 되도록 적게 만들며, 태양복사열과 바람을 활용해 남극의 극한 환경에서 에너지를 최대한 확보할 수 있는 멋진 건축물 설계와 건설을 맡기기도 한다. 기지는 1년 내내 운영되는지, 계절에 따라 운영되는지에 따라 구별하기도 하고, 수용 인원에 따른 규모로 구별하기도 한다. 규모가 작은 기지도 있다. 체코 멘델 남극 기지는 수용 가능한 인원이 최대 18명이다. 가장 큰 기지는 1,200명이 머무는 미국 맥머도 기지인데, 마치 작은 도시 같다. 또한 기지의 위치도 중요하다. 남극에서 무엇을 연구하는지에 따라, 또는 배나 비행기의 접근성에 따라 장소가 정해진다. 영국 핼리 6호 기지는 연구 대상에 따라 이동할 수 있는 미래 기지의 모습을 보여 주는 예라고 할 수 있다. 변화를 시도한 중국은 해발 4,093m 높이의 돔 A 지역에 기지를 세웠다. 이곳의 최고기온은 섭씨 영하 35℃, 최저기온은 영하 82.3℃이며, 1년 평균기온은 영하 58.4℃이다. 여기에서 기상 연구를 최우선으로 진행하는 것은 우연이 아니다. 기지는 대부분 안정성 문제로 단단한 땅이나 바위 위에 세워진다. 해안가에 세워진 기지도 많이 보이는데, 내륙보다 해안 쪽에 과학 연구에 필요한 것이 훨씬 더 많기 때문이다. 다른 기지와 가까운 곳에 기지를 세우는 것도 좋다. 언제 도움이 필요할지 알 수 없기 때문이다.

트롤

노르웨이
남위 72°00'43", 동경 02°31'59"
상주기지
60명 수용

1990년에 여름기지로 지어졌고, 2005년에 개조한 뒤에 1년 내내 사용하고 있다. 해변에서 235km 떨어져 있어 쇄빙선과 설상차로 접근할 수 있다. 비행기를 이용할 수도 있다. 기지에는 헬기장과 활주로가 있다. 헬리콥터 착륙과 이륙이 쉽도록 눈을 잘 치워야 한다. 이곳 기지로 1년에 7회 운항한다.

브라운

아르헨티나
남위 64°53'43.7", 서경 62°52'13"
여름기지(10~3월)
18명 수용

많은 기지에 이정표가 세워져 있다. 왼쪽 이정표는 브라운 기지에 있는 것으로, 화살표는 모두 남극점 쪽을 가리킨다.

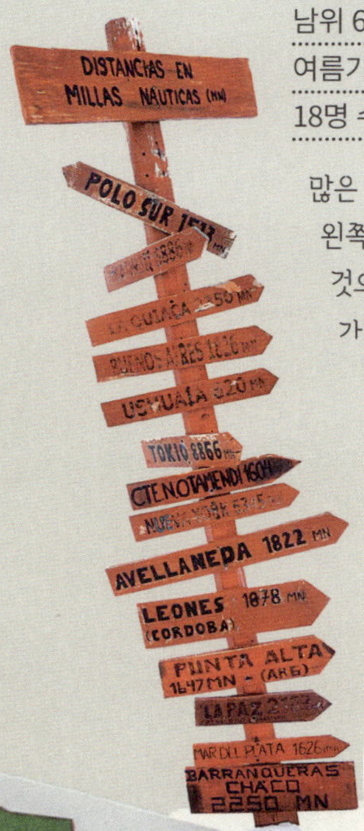

스콧 베이스캠프

뉴질랜드
남위 77°50'58", 동경 166°46'02"
상주기지
86명 수용

미국의 맥머도 기지에서 3km 거리에 있으며, 주 건물 6개와 연구소 3개로 구성되어 있다. 건물들은 화재 위험 때문에 서로 7m 간격으로 떨어져 있다. 1956년에 건축이 시작되었다. 그곳 모습이 궁금하다면 인터넷에서 웹캠으로 볼 수 있다.

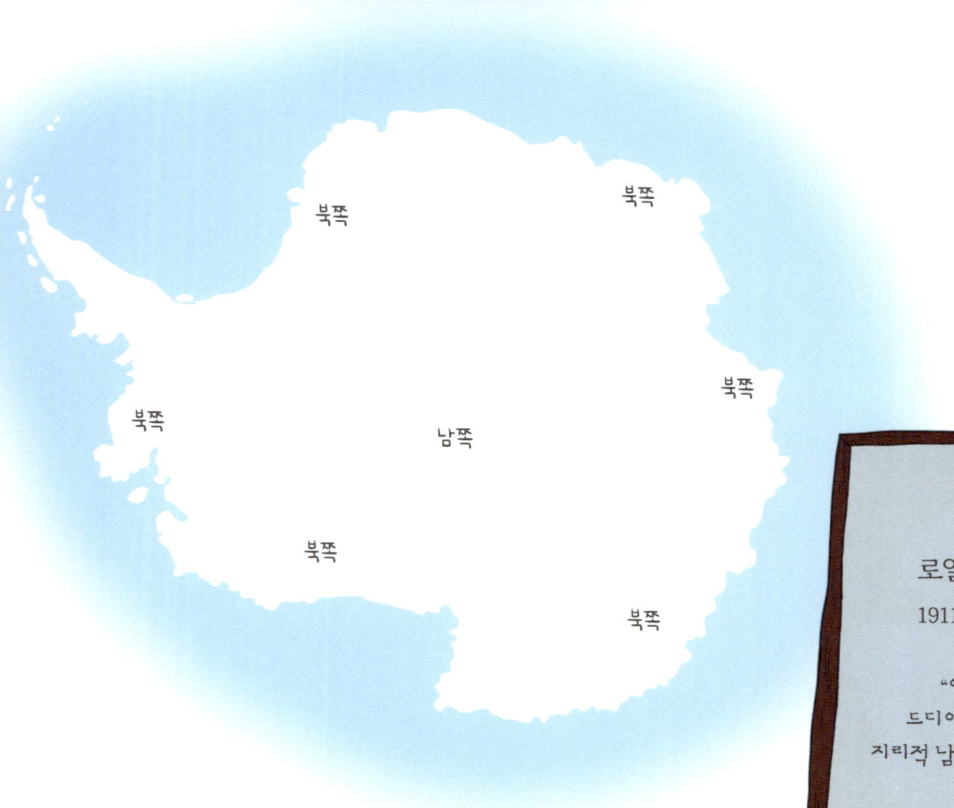

이 새는 항상 북쪽에서
남쪽으로만 날아다닙니다.

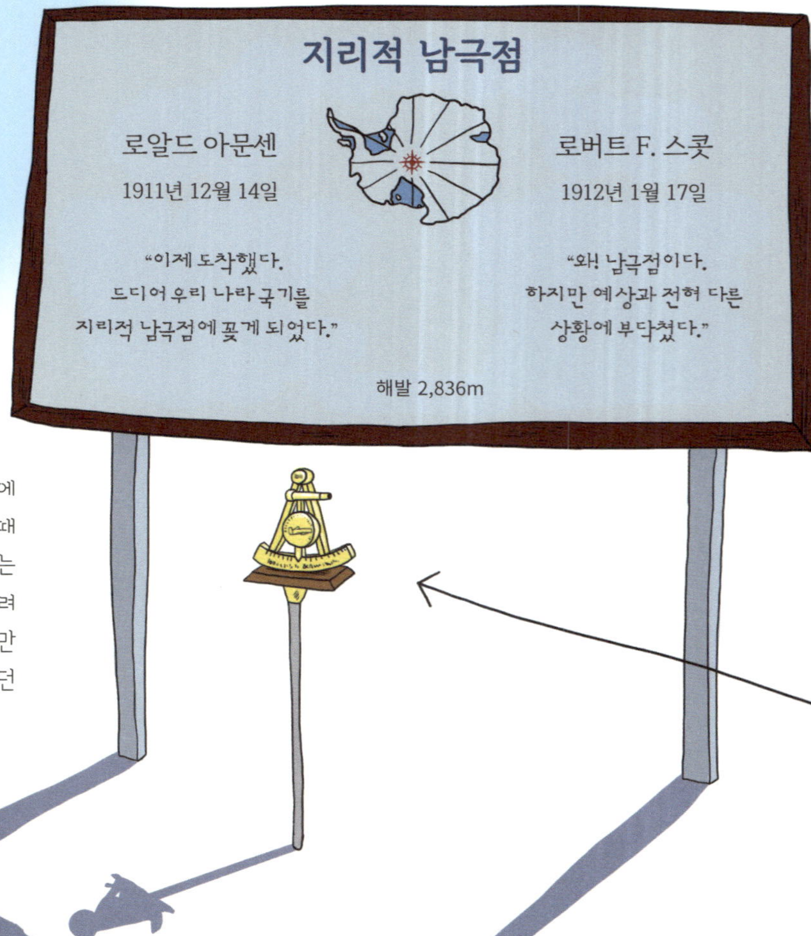

지리적 남극점
로알드 아문센
1911년 12월 14일
"이제 도착했다.
드디어 우리 나라 국기를
지리적 남극점에 꽂게 되었다."
로버트 F. 스콧
1912년 1월 17일
"와! 남극점이다.
하지만 예상과 전혀 다른
상황에 부닥쳤다."
해발 2,836m

지리적 남극점의 위치는 작은 청동 좌표계에 표시된다. 남극점 위치는 계속 달라지기 때문에 해마다 남극 아문센-스콧 기지에서는 정확한 표식을 새로 세운다. 오른쪽에 그려진 좌표계는 남극 도달 100주년을 기념해 만들어졌다. 초기 탐험대 항해에 꼭 필요했던 육분의를 본떠 만들었다.

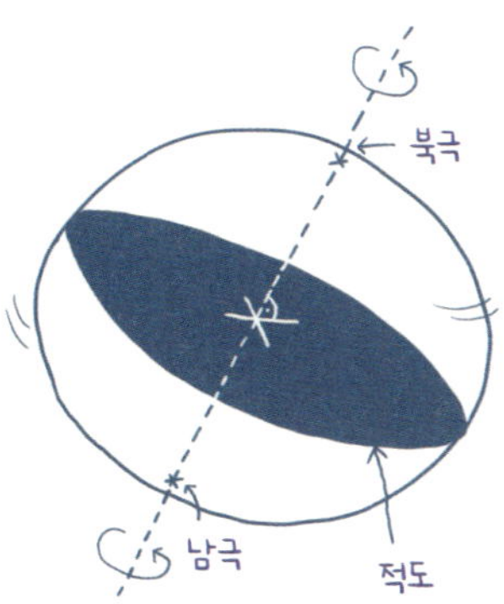

보통 남극과 북극, 이렇게 두 개의 극점이 있다고 생각한다. 그러나 실제는 좀 더 복잡하게 4개의 극점이 있다.

가장 널리 알려진 것은 지도에 표시된 지리적 남극점이다. 가상의 지구 자전축이 남극점과 북극점을 통과하고, 자오선이 모두 이곳을 교차한다. 사실 지구의 자전축은 지구의처럼 고정되어 있지 않다. 이에 따라 남극점의 위치는 1년에 1~2m 정도 이동한다. 지리적 남극점의 위치는 사람이 정했고, 해발 2,836m에 있다. 바로 그 옆에 아문센-스콧 기지가 있다. 자기장 극점은 나침반 바늘이 가리키는 곳이다. 지리적 극점과는 다른 곳에 있다.

자기장 극점은 지구 자기장의 변화에 따라 계속 움직이며, 1년에 15km 정도 이동한다. 옛날 여행자들은 이로 인해서 혼란스러웠다. 어떤 곳에서는 나침반이 지도가 알려 주는 곳과 다른 북쪽을 가리켰기 때문이다. 바로 이것이 극지방을 탐구하기 시작한 이유가 되기도 했다. 오늘날 사람들은 나침반이 아니라 GPS 장치를 이용해서 안내를 받는다. 자기장을 이용해 새와 같은 많은 동물이 이동 방향을 찾는다. 100만 년에 한 번 정도 지구의 자성이 바뀌며 북극과 남극이 바뀐다. 몸속에 내재한 나침반을 따라 따뜻한 남쪽 지역으로 수천 킬로미터를 날아가는 제비에게는 이것이 어떤 의미일까? 아무도 모른다. 가장 최근 지구의 극성이 바뀐 때는 80만 년 전이기 때문이다.

지리적 극점과 자기장 극점 이외에 지구자기장 극점이 있다. 또 다른 가상의 축이 이곳을 통과하는데, 그 축은 자성 광물 분석과 뜨거운 지구 핵의 움직임에 따라 측정된다. 지구자기장 남극점도 해마다 2km 정도 이동한다.

마지막으로 도달불능 극점이 있다. 이는 모든 대륙에 있으며, 모두 다 해안에서 가장 멀리 떨어진 곳에 있다. 남극 대륙에는 지리적 남극점으로부터 463km 떨어진 해발 3,718m 지점에 있다. 1957년에 소련 남극 탐험대가 처음으로 이곳에 도달했다. 그들은 그곳에 레닌 동상을 남겨 놓았는데, 왜 남극 탐험대가 동상을 가져와 여기 두고 갔는지 그 이유는 아무도 모른다.

남극점

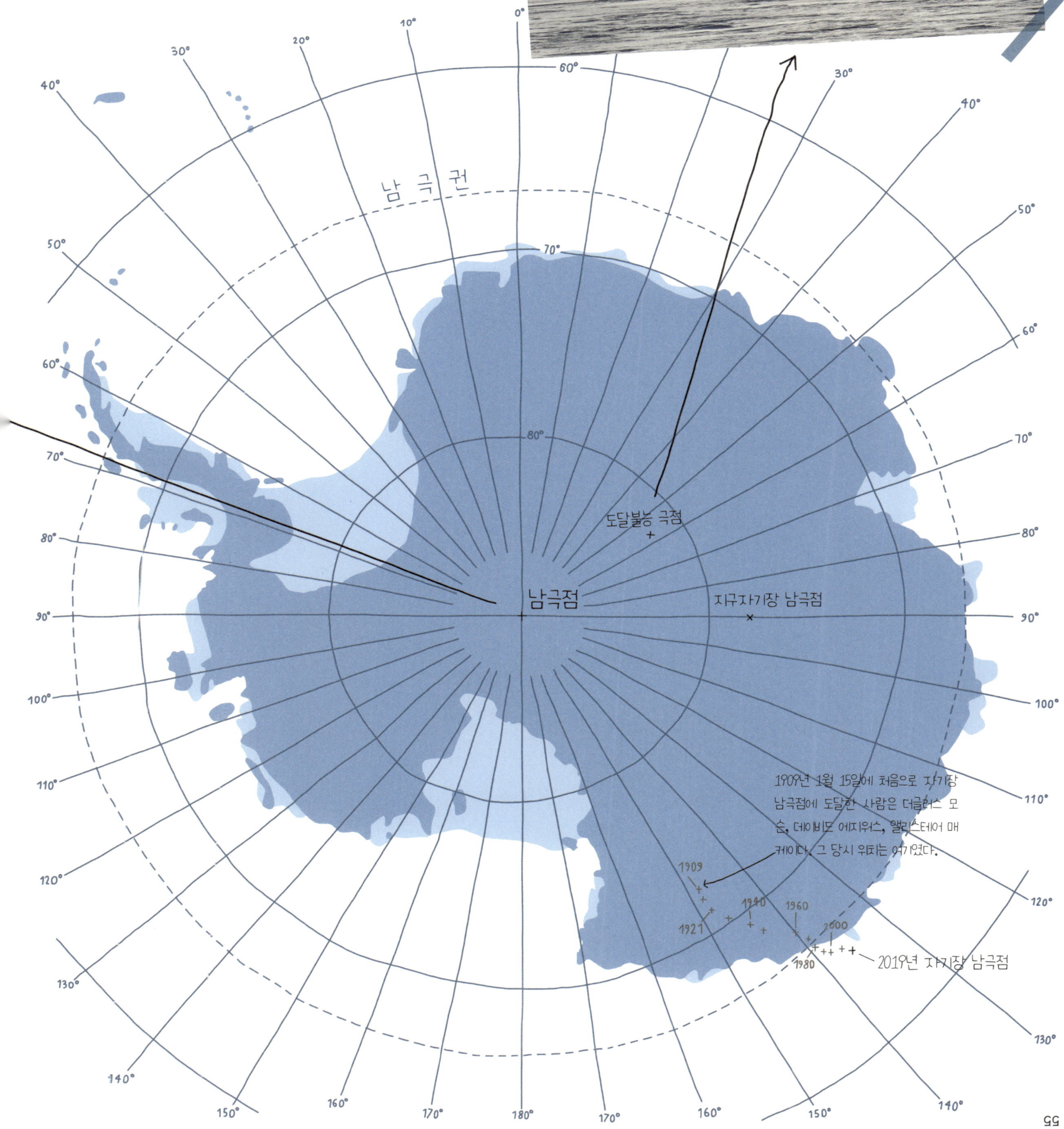
남 극 권
도달불능 극점
남극점
지구자기장 남극점
1909년 1월 15일에 처음으로 자기장 남극점에 도달한 사람은 더글러스 모슨, 데이비드 에지워스, 앨리스테어 매케이다. 그 당시 위치는 여기였다.
1909
1921
1940
1960
1980
2000
2019년 자기장 남극점
0°
10°
20°
30°
40°
50°
60°
70°
80°
90°
100°
110°
120°
130°
140°
150°
160°
170°
180°

남극 기지

남극에 기지를 세운 국가(2019)

남아프리카공화국
네덜란드
노르웨이
뉴질랜드
대한민국
독일
러시아
루마니아
미국
벨기에
벨라루스
불가리아
브라질
스웨덴
스페인
아르헨티나
에콰도르
영국
우루과이
우크라이나
이탈리아
인도
일본
중국
체코
칠레
파키스탄
페루
폴란드
프랑스
핀란드
호주

보스토크

러시아
남위 78°28'00", 동경 106°48'00"
상주기지
30명 수용

가장 추운 곳에 세워졌는데, 지구자기장 극점과 도달불능 극점에 가까운 곳이다. 해발 3,488m는 기상학을 연구하는 데 이상적인 곳이다. 주로 기상 관측 활동과 관련된 업무를 수행하는 기상 관측 기지이다. 지구에서 최저기온이 관측된 곳으로, 연평균 기온은 영하 55.4℃이다.

바라티

인도
남위 69°24'24", 동경 76°11'43"
상주기지
47명 수용

밖에서 보면 그렇게 보이진 않지만 기지는 미리 생산된 컨테이너 134개를 운송해 와서 지은 조립 건축물이다.

엘리자베스 공주

벨기에
남위 71°56'59.5", 동경 23°20'48.8"
여름기지(11~2월)
40명 수용

벨기에 왕위 계승자의 이름을 따서 지은 이름이다. 엘리자베스 공주가 기지 준공기념식 때 이곳을 다녀갔다. 에너지 자급 건물로, 생태발자국(사람이 사는 동안 자연에 남긴 영향을 토지 면적으로 환산한 수치—옮긴이)을 남기지 않는다.

장보고과학기지

대한민국
남위 74°37'38", 동경 164°14'16"
상주기지
62명 수용

대한민국이 세종기지(1988)에 이어 남극에 세운 두 번째 기지로, 2014년에 건립된 현대적 기지이다. 세종기지는 남극권의 섬에 있고, 장보고기지는 남극 대륙(테라노바만)에 있다. 장보고기지는 남극 주변 태평양의 기후 변화를 연구하기에 좋은 위치에 있다.

타이산

중국
남위 73°51'50", 동경 76°58'27"
여름기지(11~2월)
20명 수용

남극 내륙 깊숙한 곳에 있으며, 가장 가까운 의사는 522km 거리에 있다. 이 정도의 거리는 언덕 너머에 다른 기지가 없는 한 남극에서는 일반적인 거리라고 할 수 있다.

스콧 기지

영국
남위 77°38'10", 동경 166°25'04"
30명 수용

이곳은 대원 25명이 스콧 일행의 귀환을 기다렸던 곳이다. 기지는 영국에서 조립용으로 만든 뒤 남극으로 가져와 대원들이 조립해 지었다. 스콧 기지는 인터넷으로도 방문할 수 있다.

1911년 6월 6일,
로버트 팰컨 스콧의 43번째 생일잔치.

사나에 4호

남아프리카공화국
남위 71°40'37", 서경 02°50'42"
상주기지
80명 수용

남극 기지 중 규모가 큰 편이고, 규모에 어울리는 의료시설을 갖추었다. 여름철에는 2명, 겨울철에는 1명의 의사가 체류한다. 수술실, X선 촬영실, 제세동기, 그리고 치과 진료실도 있다. 이곳에 온 의사는 모든 진료 분야를 담당한다.

요한 그레고르 멘델

체코
남위 63°48'02", 서경 57°52'57"
여름기지(12~3월)
20명 수용

체코 기지는 세계에서 유일하게 대학이 소유한 기지이다. 그 대학은 체코 브르노시에 있는 마사리크 대학이다.

남극에 가는 사람들

남극은 사람이 지속해서 거주한 적이 없었고, 지금도 없다. 이곳에 머무는 사람은 대부분 과학자이다. 여름에는 4천여 명, 겨울에는 1천 명이 안 된다. 특별한 업무를 맡았을 때는 오랜 기간 머무르기도 한다. 남극에 오기 전에 사랑니를 뽑거나 맹장 수술을 하도록 하는 등 특별한 사항을 요구하는 나라들도 있다. 규모가 작은 기지에서는 요리할 수 있는 능력이 꼭 필요하기도 하다. 그러나 무엇보다 가장 중요한 것은 강한 모험심과 뭐든 필요한 것을 바로 그 자리에서 처리할 수 있는 능력이다. 영국 포트 록로이 기지에 4달 파견되는 임무에 지원한 사람이 300명이 넘었는데, 그중에 4명만이 통과할 수 있었다. 선발에 결정적으로 영향을 미치는 요인은 공동체 의식, 자립성 그리고 기술이다. 남극 생활은 단조롭다. 외부의 자극이 없어 지루하다는 뜻이다. 그런데도 남극에 가는 사람은 누구일까? 그곳에 가는 이유는 무엇일까?

세계 일주 여행자

여행자는 미지의 세계로 길을 떠나는 여정에서 새로운 것을 발견하고, 세상과 자신을 알아 간다. 방문 지역의 문화를 존중하고, 자연을 배려하는 마음이 있어 자신의 흔적을 남기지 않는다. 반면, 관광객은 미지의 세계에 갈 때도 자신이 편리하게 쓸 수 있는 물품을 가지고 가며, 그곳에서도 집처럼 모든 것들이 갖춰져 있기를 기대한다. 이를 위해 망설이지 않고 돈도 추가로 더 낸다. 그래서 관광객을 위해 호텔을 짓고, 놀이공원, 민속촌을 만든다. 이제 남극에도 관광객이 가기 시작했다. 그러나 남극에서는 이동이 제한된다. 앞으로도 계속 반드시 그렇게 해야 한다. 편안함을 원하는 사람들이여, 그냥 집에 있어라!

기상학자

과학자든 조종사든 운동선수든 그 누구든 남극에서 가장 필요한 것은 기상 소식이다. 남극 날씨는 아주 혹독하고 변화무쌍하다. 날씨에 관한 정확한 정보 없이는 목숨이 위험해지는 상황에 부닥치기 쉽다.

병참 전문가와 지휘관

병참 전문가는 조직에 필요한 인원이나 물자 운송, 보급로 관리 업무 등을 책임지는 사람이다. 인원이 많은 기지일수록 조직 업무는 더 복잡하며, 전기 기술자나 배관공, 프로그래머 등과 같은 전문가가 필요하다. 기지 규모에 따라서 군사 전문가가 지휘관이 되기도 한다. 기지에는 지휘 본부가 있어야 한다. 모든 게 탈 없이 잘 돌아가고, 분쟁이나 문제가 발생하지 않도록 늘 지켜보는 사람이 있어야 한다.

요리사

요리사는 가장 중요한 구성원 중 한 사람이다. 맛있는 음식은 어떤 것보다도 대원들을 기분 좋게 해 준다. 이 사실을 잘 알고 있던 아문센은 맛있는 크레페를 만드는 요리사 아돌프 헨리크 린드스트룀을 데리고 갔다. 아문센은 노르웨이 남극 탐험대에서 린드스트룀이 그 누구보다도 중요한 임무를 해냈다고 이야기했다. 배가 부른 사람에게는 어떤 문제도 작아 보이게 마련이다. 이 말은 언제나 옳다.

과학자

남극은 과학 연구를 위한 대륙이라고 해도 지나치지 않다. 남극에 가장 많은 사람이 과학자이다. 남극에서 과학자들은 연구 결과를 함께 공유한다. 이곳에서 지식은 공공자산이다. 지식은 널리 퍼져 나가도 줄어들거나 없어지는 것이 아니지 않은가! 과학자들은 연구할 수 있는 것은 무엇이든지 다 연구한다. 남극에서 연구 목록을 작성한다면 굉장히 길 것이다. 여러분은 남극에서 무엇을 연구하고 싶은가?

조종사와 선장

조종사와 선장은 남극 대륙 전체의 교통과 보급로를 책임지는 사람들로, 진짜 실력 있는 전문가들이어야 한다. 세상의 그 어느 곳보다도 이 분야의 전문성이 요구되는 곳이 남극이다. 조종사는 시도 때도 없이 변하는 날씨를 잘 살펴볼 줄 알아야 하며, 운행을 계속해야 할지 돌아가야 할지 등 정확한 판단을 내려야 한다. 눈 때문에 앞을 분간할 수 없어 오직 기계 장치만으로 착륙해야 하는 상황이 생기기도 한다. 선장은 곳곳에 있는 부빙, 폭풍, 급격한 급류를 조심해야 한다. 쇄빙선을 다룰 줄 알아도 어떤 곳이든 통과할 수 있다고 확신할 수 없다. 그곳 배는 크고 무거워 조종하기 어렵다. 집채만 한 커다란 얼음덩어리 사이로 배를 운전하려면 완벽한 판단력과 침착함, 그리고 결단력이 필요하다.

운동선수

남극은 운동선수들에게도 도전하고 싶은 곳이다. 콜린 오브래디와 루이스 러드 같은 장거리 주자는 걸어서 남극 대륙을 횡단했다. 횡단하는 데 걸린 시간은 2달도 안 되었다. 또한 산악인들에게도 남극에는 아직 아무도 오르지 않은 산처럼 도전하고 싶은 곳이 있다. 산악인들은 모험심이 강해서 누구나 이런 곳을 처음 오르고 싶어 할 것이다.

소방관

남극에서 소방관에게 기대할 일은 거의 없다고 생각할 것이다. 그러나 맥머도 기지는 소방서가 필요할 정도로 규모가 크다. 믿기지 않겠지만 남극에서 사망하는 원인 중 세 번째가 바로 화재이다. 남극은 건조하고 강한 바람 탓에 불이 엄청 빠른 속도로 번진다. 남극이야말로 소방관이 필요한 곳이다.

다큐멘터리 작가와 예술가

이런 사람들 덕분에 우리는 직접 가 볼 수 없는 지역이나 자연의 아름다움을 보고 감탄할 수 있다. 프랑스 사진작가이며 스쿠버다이버인 로랑 발레스타는 그 이전에는 너무 깊어서 감히 시도조차 할 수 없었던 빙하 아래에 사는 생물체 모습을 찍었다. 무게가 90kg인 특수 잠수복 덕분이었는데, 이 잠수복을 입고 물속에 들어가면 5시간 정도 머무를 수 있었다. 하지만 공기 차단이 완벽히 되는 잠수복은 없고, 곳에 따라 영하 1.8℃가 되는 물속에 있다 보면 동상에 걸린다. 이런 위험을 감수하며 그 일을 한 이유가 뭘까? 그는 이렇게 대답했다. "그곳에 빛이 환하게 비치는 것 같았기 때문이었다. 백야가 끝나고 나면 남극 바다는 플랑크톤이 없고 아주 투명하다. 남극 바다 밑은 태곳적 식물들이 있는 화려한 정원 같다. 이곳 바닷속 세계는 아주 특별하고 마치 수백만 년 전으로 되돌아간 듯하다. 가장 다채로운 모습을 보여 주는 곳은 70m 아래이다. 얕은 곳은 주변이 계속 변하며, 그 바닥은 유빙으로 인해 패여 있다."

조지 마스턴의 동판화 〈야경꾼〉, 『남극광』 중에서, 1908~1909.

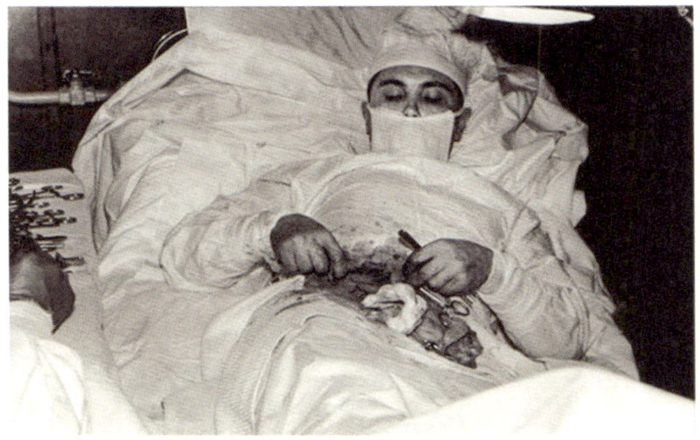

의사

남극 환경은 거의 무균실이라고 해도 될 정도이다. 탐험대원들은 언제나 건강한 상태에서 연구를 수행하러 온다. 그래도 기지마다 의사가 한 명씩 있다. 아마 세계에서 인구 1인당 의사 수가 가장 많은 곳일 것이다. 그런데 의사가 의사를 필요로 하는 긴급한 상황이 발생할 수도 있다. 1951년에 찍은 사진(위 사진) 한 장이 대표적인 예이다. 역사상 가장 유명한 맹장 수술 장면이라고 할 수 있다. 유일한 의사였던 레오니드 로고조프에게 닥친 일이었다. 환자 이송은 생각도 못 하는 상황에서 스스로 거울을 보면서 수술을 할 수밖에 없었다. 동료 대원들이 보조를 맡았다. 수술은 성공했고 로고조프는 건강을 되찾았다. 현재 호주 기지로 오는 대원들은 그 누구도 맹장이 있어서는 안 된다. 또 남극 탐험가는 치아 상태도 괜찮아야 한다. 환경 변화에 가장 예민하게 반응하는 것이 치아로, 가장 많이 발생하는 건강 문제의 원인이기 때문이다. 간단한 문제라도 남극에서는 더 복잡할 수 있다. 그래서 이곳에서 문제를 해결하는 것보다 아예 문제를 피하는 게 더 낫다. 건강 문제는 더 그렇다.

허버트 조지 폰팅, 〈빙하동굴에서 본 풍경: 앞쪽에 있는 테라노바호를 배경으로〉, 1911년 1월.

우리가 직접 접근하지 못하는 곳은 다큐멘터리 작가의 눈을 통해서 볼 수 있다. 또한 그런 세상을 새로운 시각으로 볼 수 있게 해 주는 예술가들 덕분에 가능하다. 어니스트 섀클턴은 남극 탐험에 공식적인 예술가로 화가 조지 마스턴을 데려갔다. 마스턴은 많은 그림을 그렸고, 남극에서 최초로 인쇄한 책을 발간하는 데에도 참여했다. 이 모든 걸 세심하게 준비한 섀클턴은 사진작가 프랭크 헐리도 탐험에 동행시켰다. 섀클턴 탐험대의 사진작가로는 허버트 폰팅도 있었다. 오늘날에도 두 사람이 찍은 사진 수백 장을 보면서 사람들은 감탄을 자아낸다. 그것은 비단 두 사람의 완벽한 사진 기술 때문만은 아니다.

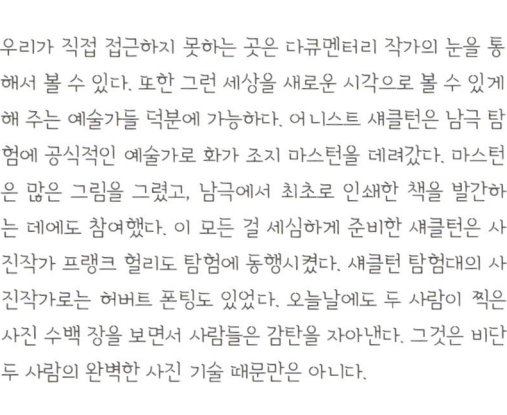

우리에게 정말 필요한 것은 무엇일까?

우리가 살아가기 위해 실제로 필요한 것은 무엇일까? 공기, 온기, 물, 음식… 기타 등등? 무엇이 필요한지는 삶에서 기대하는 것이 무엇이냐에 달려 있다. 우리에게 정말로 없으면 안 되는 것은 무엇일까? 행복이 무엇을 얼마나 갖고 있느냐에 달려 있을까? 지금처럼 편리한 장비가 없었던 시절에는 어떻게 생존할 수 있었을까? 그 당시에는 없으면 없는 대로, 있는 것으로 단순하게 살 수밖에 없었다. 하지만 지금 따뜻한 옷이 있는데, 눈보라 속을 속옷만 입고 가지는 않을 것이다. 그런데 꼭 남극의 혹독한 추위 속에 서 있는 게 아니더라도 한번 질문해 볼 필요가 있을 것 같다. 우리의 욕구에 따라 사물을 소비하는 게 혹시 우리 자신을 옭아매고 있는 건 아닌지 말이다. 어떠한 경우에서도 그 상황에 맞게 쓸 수 있는 도구가 있을 거라 믿었는데, 앞으로 그럴 수 없다면 어떻게 해야 할까?

생존 장비

이 안에는 무엇이 들어 있어야 할까? 추천 목록은 많다. 그러나 중요한 것은 없는 것보다 적어도 하나라도 있어야 한다는 것이다. 내용물은 어디를 여행하느냐에 따라 다르다. 생존 장비에서 빠져서는 안 되는 것은 무엇일까? 체코 남극 탐험가이자 여행가인 야로슬라프 파블리체크는 아래 그림과 같은 장비는 꼭 필요하다고 말한다. 모든 것을 작은 상자 안에 넣는다. 양철 담배통 같은 것이면 더 좋겠다. 나중에 떨어지는 빗물을 모으는 용기로 사용할 수도 있으니까 말이다. 생존 장비 안에 될 수 있는 한 물건은 적게 넣어야 하며, 여러 가지 용도로 사용할 수 있는 게 좋다. 강력접착제 같은 경우는 접착할 때뿐만 아니라 인화성이 좋아서 불을 붙일 때도 사용할 수 있다.

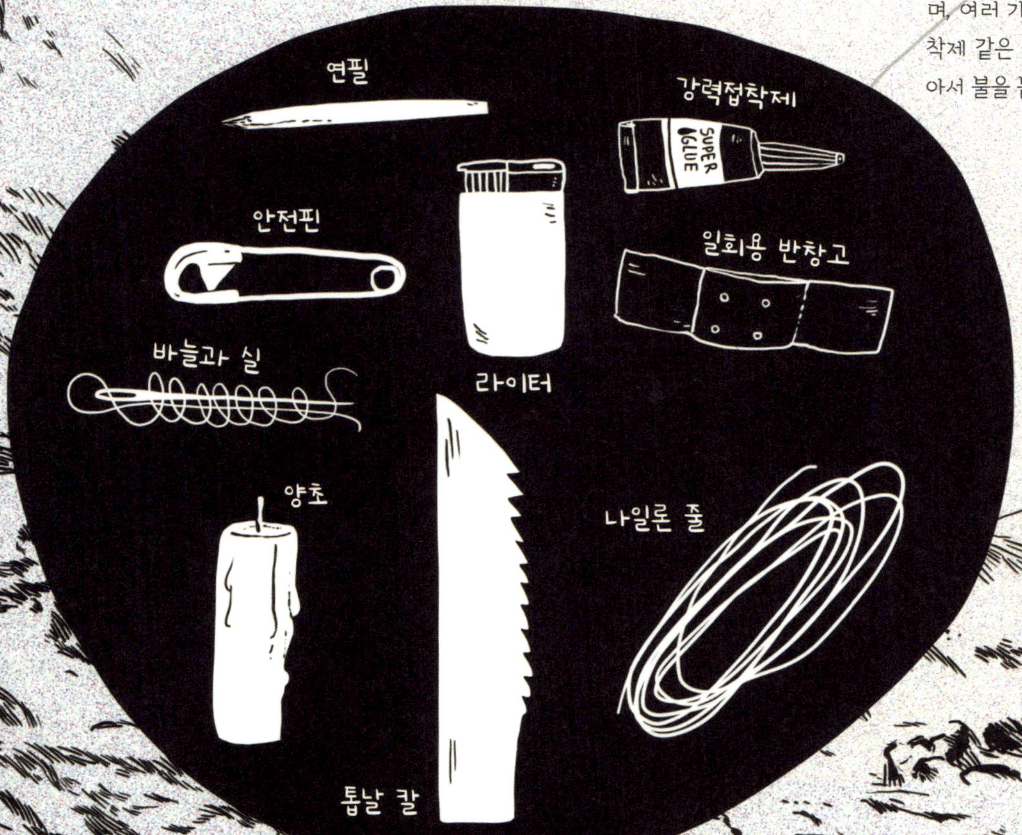

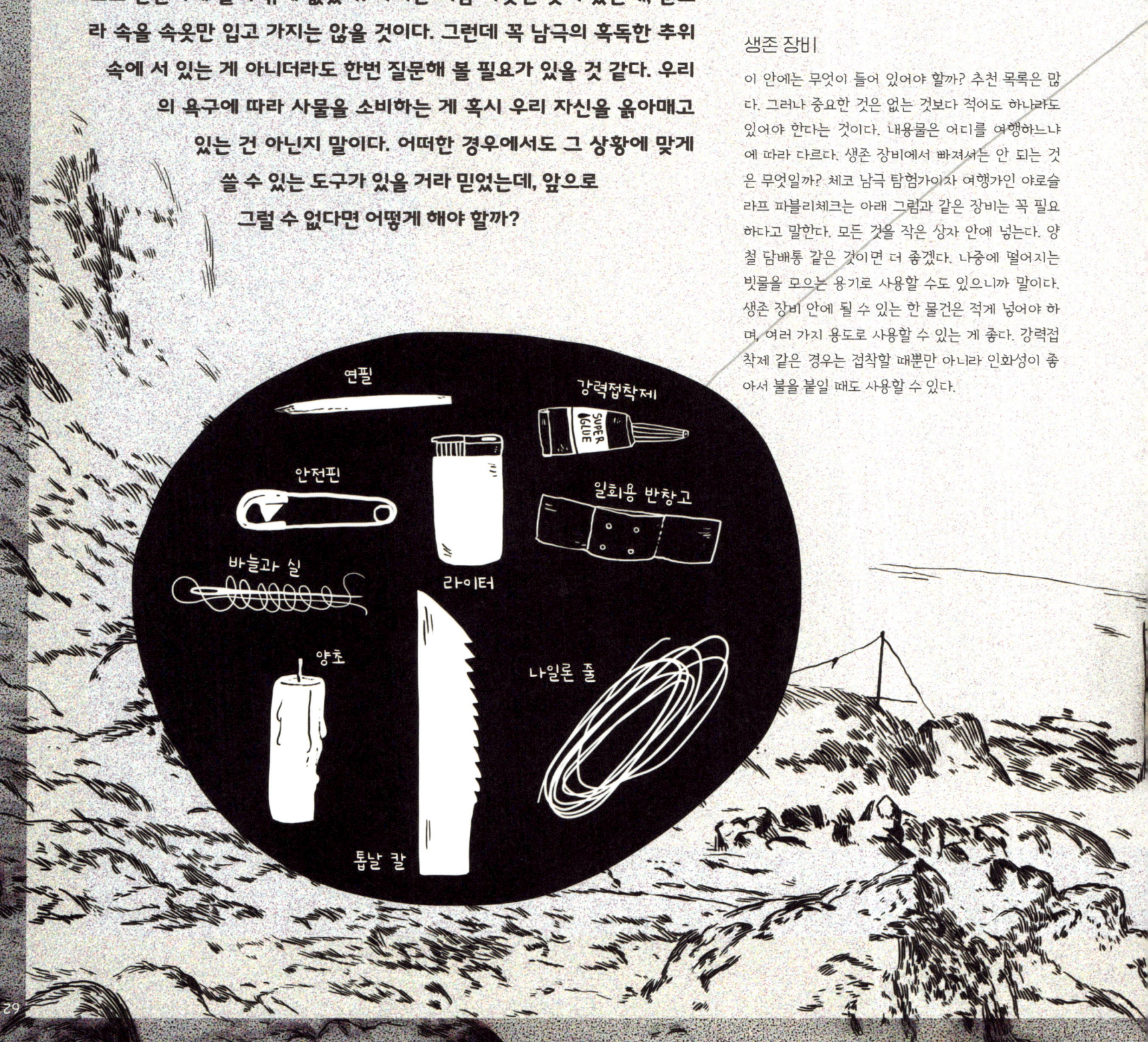

야로슬라프 파블리체크는 일찍부터 거의 아무것도 없는 상태에서 생존하는 법에 관해 연구하고 있다. 남극뿐만이 아니라 어느 곳에서도 언제나 일이 생긴다. 삶과 죽음처럼 스스로 해결할 수 없는 난감한 문제를 맞닥뜨리기도 한다.

파블리체크는 정말 어려운 조건에서 인간이 생존할 가능성을 시험하려고 남극에 에코-넬슨 기지를 세웠다. 그곳에서 약 10달을 보내며, 극한 상황에 놓인 인간의 삶에 관해 많은 것을 알게 되었다. 현재 그는 전 세계를 다니며 강연을 하고 있다.

파블리체크의 10가지 생존 규칙:

1. 당황하지 말 것
2. 신발, 라이터, 그리고 생존 장비는 항상 가까이 두기
3. 안전이 제일이며, 그다음은 불, 물, 휴식 순이다
4. 다른 사람 도와주기
5. 항상 차선책 세워 두기
6. 절약하기, 말도 아낄 것
7. 늘 부지런하게 움직이기, 잠자기
8. 물 많이 마시기
9. 만용은 용기가 아니다
10. 어느 정도의 불안감은 느껴야 한다

야로슬라프 파블리체크(1943)
체코의 생존예술가,
『거친 자연에서의 인간』의 저자

섀클턴 탐험대 사례가 9번 조항을 아주 잘 보여 준 본보기이다. 이 규칙을 지킴으로써 모든 대원이 살아남을 수 있었다.

평화의 나라에서 전해 온 평화의 뉴스

남극 뉴스

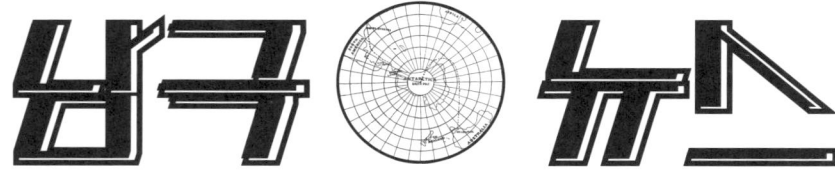

남극의 날씨: 상쾌함, 급변하는 바람, 현재 북서 방향. 자세한 날씨 예보는 17면 참조.

2017년 12월

지구 저편 남반구에 여름이 시작된 2017년 늦은 겨울, 우리는 남극에 직접 가 볼 기회가 생겼다. 야로슬라프 파블리체크가 이르지 데네크 선장을 소개해 주었다. 그는 범선 알테고 2호를 이끌고 남극에 가는데, 우리를 데리고 가기로 했다. 우리? 누구냐면, 이 책의 저자인 나, 오랜 세월 나와 공동작업을 하는 예술가 이르카 프란타, 그리고 큰아들 야힘과 작은 아들 올리버이다. 나는 아이들이 부모가 일하는 곳에 와 보는 게 좋다는 견해를 갖고 있다. 특히 아이들이 재미있어 한다면 말이다. 야힘은 남극에서 13번째 생일을 맞았고, 올리버는 10살이었다. 이렇게 우리는 세계 어느 곳과도 비교할 수 없는 그곳, 남극에 도착했다. 지평선의 산들, 다채로운 풍경, 날씨가 변하는 속도감, 웅장해 보이는 빙하, 아무렇지 않게 우리 주변을 왔다 갔다 하는 펭귄, 바다표범, 대왕고래. 우리는 시시각각 변하는, 인간의 손길이 전혀 안 닿은 자연의 모습에 완전히 매료당했다. 남극에 머물던 체코 신부이자 자연과학자인 마레크 오르코 바하는 "아름다움의 초호화판"이라고 묘사했다. 남극 해안을 따라 항해하는 배 위에서는 시간이 보통 때와는 완전히 다르게 흘러갔다. 남극의 여름은 해가 지지 않아서 탐험 여행은 꿈을 꾸는 것만 같았다. 우리가 본 것은 남극의 극히 일부이고 그곳에 잠시 다녀온 것이었지만, 그 경험으로 세상을 보는 시각이 바뀌었다. 사람은 누구나 자신만의 세계관이 있고, 같은 장소에서도 보는 것은 각기 다를 수 있다. 나와는 달리 뱃멀미를 앓았던 이르카는 그 경험을 이 책에 만화로 그려 넣었다. 같은 장소에 있을지라도 각자 다른 경험을 한다는 내용을 아주 멋지게 잘 표현했다.

더할 나위 없이 아름다운 이곳 풍경을 어떻게 하면 우리가 보는 모습 그대로 묘사할 수 있을까? 알프스 전체가 물에 잠겨 있고, 그곳에 빙산이 떠다닌다고 할까?

야힘과 올리버 뵘의 여행 일지

2017년 11~12월

•야힘–11월 27일 월요일

믿을 수가 없다. 곧 출발이다. 지금 나는 이곳 바츨라프 하벨 공항에 앉아 배고픔을 참고 비행기를 기다리고 있다. 최고다 :-)

•올리버–11월 28일 화요일

1시간 뒤면 착륙이다. 우리가 탄 비행기는 세상에서 세 번째로 큰 보잉 747-8이다. 내가 타 본, 가장 큰 비행기다. 멋지다. 비행시간은 모두 14시간. 프랑크푸르트 공항에서 형과 이것을 보면서 타고 싶다고 했었는데…. 비행기는 2층이고, 좌석 앞에 달린 텔레비전에 비행기 앞의 모습이 보인다. 영화도 볼 수 있다. 나는 〈슈퍼배드 3〉, 〈울버린〉 그리고 〈혹성탈출〉을 보았다. 저녁과 아침이 나왔다. 밤에도 쉬지 않고 날았다.

•올리버–11월 30일 목요일

항구에서 배를 탔는데, 바람이 너무 세서 출발하지 못하고 있다. 얼마나 더 기다려야 할지 모른다. 긴장감이 돈다.

•야힘–12월 5일 화요일

거대한 빙산을 두 개 봤다. 레이더를 한참 들여다보았다. 30분 정도. 여기서는 시간이 아주 다른 것 같다는 느낌이 들었다. 선장님이 비행기는 공간의 자유를, 배는 시간의 자유를 준다고 말씀하셨다. 나는 여기에 덧붙여 수상비행기는 시공간의 자유를 준다고 생각했다. 내가 잠꼬대를 두 번이나 했다고 한다. 이곳에 와서 꿈을 훨씬 더 많이 꾸는 것 같다.

•올리버–12월 6일 수요일

아르헨티나의 우수아이아에서 남극까지 122시간 28분 걸렸다(스톱워치로 시간을 쟀다). 어제 포경 기지가 있었던 디셉션섬에 갔었다. 바다를 따라 걷는 펭귄 한 마리가 보였고, 해변 근처에 많은 펭귄이 누워 있었다. 그곳에 바다제비 한 마리가 날고 있었다. 부서진 집과 건물도 보였다. 지붕만 남고 완전히 부서진 집이 하나 있었는데, 그 옆에 망가진 트랙터가 있었다.

•올리버–12월 9일 토요일

칠레 기지 곤잘레스 비델라에 정박했다. 바닷가에 펭귄 수백 마리가 있었는데, 그중에서 흰색 펭귄 한 마리가 눈에 띄었다. 오늘 남극 탐험대가 도착했다. 대원 10명이 6개월간 머무른다고 한다. 펭귄 서식지 주변 눈 속에 펭귄 똥이 엄청 많았다. 외양간 냄새가 났다.

•야힘–12월 11일 월요일

눈앞에 펼쳐진 남극을 어떻게 표현하면 좋을까? 한마디로, 환상적이다. 가만히 몇 시간 동안 하나만 쳐다보고 있어도 전혀 질리지 않는다.

•야힘–12월 12일 화요일

배에서 내렸다. 바닷가로 가지 않고 잠시 얼어붙은 바다 얼음 위에 서 있었다. '일광욕'을 하는 바다표범들이 보였는데, 온몸이 피투성이였다. 자기들끼리 싸움이 있었던 것 같다. 내 동생 올리버가 바다표범 흉내를 냈는데, 비슷하기는커녕 우스꽝스러워 보였다.

12월 6~7일 올리버의 꿈

꿈을 꿨다.
우리는 부에노스아이레스의 다리 위에
있었는데, 누군가 아래로 떨어졌다.
그때 고래 한 마리가 떠올라
그 사람을 잡아먹었다.
아침에 잠에서 깼지만, 눈을 감고
있는 상태에서 또 꿈을 꿨다.
나랑 이르카 프란타와 아빠가 아까랑
비슷한 다리에 있었다. 다리에는 계단이
있었다. 그때 고래가 튀어 올랐다.
우리는 고래를 쓰다듬어 주며
좋은 시간을 보냈다.

•야힘–12월 16일 수요일

이제 남극을 떠난다. 엄청 멋진 시간이었다. 시간이 너무 빨리 지나가 버렸다. 앞으로 5일 동안 드레이크 해협을 지나갈 예정이다. 이 멋진 하얀 풍경을 보는 게 이번이 마지막이 아닐 거라는 생각이 들었다. 이런 생각이 든 건 여기가 처음이다.

•올리버–12월 19일 화요일

남극을 떠날 때, 손을 흔들며 남극과 작별하지 못했다. 뱃멀미로 토하느라 정신이 하나도 없었다. 드레이크 해협은 괜찮았다. 육지가 보였다. 우리는 아르헨티나의 에스탄시아 아베르톤 쪽으로 가고 있었다. 그곳에서 12시간 정도 정박할 것이라고 선장님이 말했다. 우리가 탄 배는 남극을 출발한 뒤 5일 밤낮을 항해했다. 출발했을 때보다 괜찮아지긴 했지만 나는 배를 타고 가는 동안 대부분 누워 있거나 잠을 잤다. 그래도 배에서 호기심 많은 범고래 5마리를 보았다(선장님도 이곳에서 처음으로 보았다고 한다). 고래 한 마리가 우리 배에 쾅 부딪혔다. 이 순간 아빠는 조종석에서 밖을 내다보고 있었는데, 고래가 거의 손에 닿을 정도로 가까이 있었다고 하셨다. 배를 타고 가는 내내 온갖 종류의 새들이 따라왔다. 남극에서 두 가지 종류의 펭귄을 보았다. 서식지 몇 군데에서 가장 많이 본 것이 젠투펭귄이었고, 그다음은 턱끈펭귄인 것 같은데 한두 마리 정도였다. 또 웨들 바다표범도 보았다.

•올리버–12월 22일 월요일

어제는 우수아이아에서 아일랜드 술집, 더블린에 갔다. 분위기가 좋았다. 우리는 남극에서 무사히 돌아온 것을 축하하며, 감자튀김을 먹고 포멜로 주스와 커피를 마셨다. 커피를 마시는 내 모습을 본 선장님이 처음 본 것처럼 또 놀라워했다. 그래도 처음보다는 그렇게 많이 놀라지는 않으셨다.

•야힘–12월 24일 일요일

집이 가까워지고 있다. 이제 프랑크푸르트에서 비행기에 자리를 잡고 앉았다. 마지막 비행이다. 얼른 집에 가고 싶다. 집에 도착하면 바로 고릴라즈 머그잔을 꺼내고 빵을 한 조각 자를 거다. 빵에 버터와 소금을 바르고, 우유를 머그잔에 따라야지. 그거면 좋다! 이제 비행기 타는 시간이 한 시간 반 남았다. 그러고 나면 절대로 잊지 못할 한 달의 시간을 뒤로 하게 될 것이다. 시간이 어찌나 빨리 흘러갔는지 믿을 수가 없다. 얼마 전에 왔던 바로 그 공항에 지금 다시 와 있다니, 거대한 보잉 747을 쳐다보며 그렇게 놀라워했는데, 믿을 수가 없다.

누군가 남극에 아무것도 없다고 말하거든 그에게 물어보라. 아무것도 없다는 게 어떤 모습인가?

분명 남극은 아무것도 없는 모습이 아니니까 말이다.

비어 있는 대륙의 연대기

1773	영국 탐험가 제임스 쿡이 레졸루션호와 어드벤처호를 끌고 2차 탐험을 떠나, 처음으로 남극권을 통과하다. 이때 빙산이 떠다니는 곳에 들어서기는 했으나 그곳이 남극 대륙은 아니었다.
1820	1월 26일, 러시아 보스토크호 탐험대가 사상 처음 남극 대륙을 보다. 탐험대 대장이던 해군 장교 파데이 파데예비치 벨링스하우젠은 그 느낌을 다음과 같이 묘사했다. "여기저기 널려 있는 빙산과 섬들 뒤로 얼음에 뒤덮인 땅이 보였다. 가파르게 바다로 떨어지는 해안 기슭이 죽 이어졌다. 남쪽으로 해안이 높아지며 보통의 해안가 모습이 보인다. 해안가 가까이에 얼음으로 뒤덮인 섬들은 육지에서 떨어져 나와 생긴 것 같다. 섬 가장자리가 육지의 지면과 비슷해 보였기 때문이다."
1901~03	지질학자 에리히 폰 드리갈스키가 이끄는 첫 번째 독일 가우스호 탐험대가 남극에 도착하다. 그곳 남극 해안 일부를 독일 황제의 이름을 따서 카이저 빌헬름 2세 란트라고 불렀다.
1902~04	로버트 스콧의 첫 번째 남극 내륙 탐험. 이때 어니스트 섀클턴도 대원으로 참가했다. 탐험대는 열기구를 이용해 그 지역을 샅샅이 조사했다.
1909	어니스트 섀클턴이 이끄는 님로드호 탐험대가 남극으로 떠나다. 목적지가 160km밖에 안 남은 상태였지만 악천후와 대원들의 탈진 때문에 되돌아가기로 한다. 이때 이 결정을 내리지 않았더라면 모두 살아남지 못했을 것이다. 남극의 겨울 동안 섀클턴과 대원들은 최초로 남극에서 출간하게 될 책을 집필하고 인쇄했다. 책 제목은 『남극광(Aurora Australis)』이다. 이것을 미리 계획했던 섀클턴은 남극에 올 때 타자기와 인쇄기를 챙겨 왔다. 남극으로 항해를 떠나기 전에 대원 중 몇 사람은 인쇄 수업 과정을 마치기도 했다. 책 표지는 보급품 상자의 나무판을 사용했고, 가죽 책등으로 묶었다. 삽화는 탐험대 공식 예술가인 조지 마스턴이 그려 넣었다. 책은 100부 정도 찍었는데, 무사히 돌아온 뒤 대원들과 지인들, 그리고 후원자들에게 모두 나눠 주었다.
1911	스콧과 아문센이 남극점 정복 1위 자리를 놓고 경쟁하다.
1915	1915년과 1916년에 임페리얼 토바코 그룹(존 플레이어 & 선)은 남극점 정복의 유명한 장면이 담긴 담배 카드 시리즈를 발매해 담배와 함께 판매하다.
1914~17	섀클턴 탐험대가 걸어서 남극 대륙 횡단을 시도하다.
1919	프랭크 헐리의 영화 〈사우스(South)〉가 극장에서 상영되다. 어니스트 섀클턴 탐험대의 사진작가로 참여하며 찍은 귀한 사진과 영상들로 만들어진 영화이다.
1929	미국 극지 탐험가인 리처드 에블린 버드가 사상 처음 비행기로 남극을 횡단하다.
1932	바츨라프 보이테크가 리처드 에블린 버드 탐험대에 합류해, 남극에 발을 디딘 최초의 체코슬로바키아인이 되다. 그 경험을 책으로 남겼는데, 책은 1932년 4월에 출간됐다. 그러나 그로부터 한 달 뒤 그는 엘베강에서 카누를 타다가 배가 뒤집히는 사고로 사망했다. 원래 계획했던 알래스카 탐험 출항일이 연기되면서 친구를 따라 그곳에 갔다가 변을 당했다.
1935	2월 20일에 덴마크-노르웨이 연구자 캐럴라인 미켈슨이 남극에 발을 디딘 첫 번째 여성이 되다. 여성이 남극에 가는 게 쉽지 않았던 시절이었다. 극한의 추위와 위기 상황을 여성은 견디지 못할 것이라는 편견이 오랫동안 존재했었다. 1969년까지도 미국 의회는 미국 여성이 남극에 들어가는 것을 금지했다.
1957~58	1957년 7월 1일부터 1958년 12월 31일까지 국제지구관측년(International Geophysical Year)이 개최되다. 이것은 특별한 국제 학술회의였다. 그때가 격렬했던 냉전 시대였음에도 67개국이 참석했고, 남극 조약이 탄생하는 계기가 되었다.

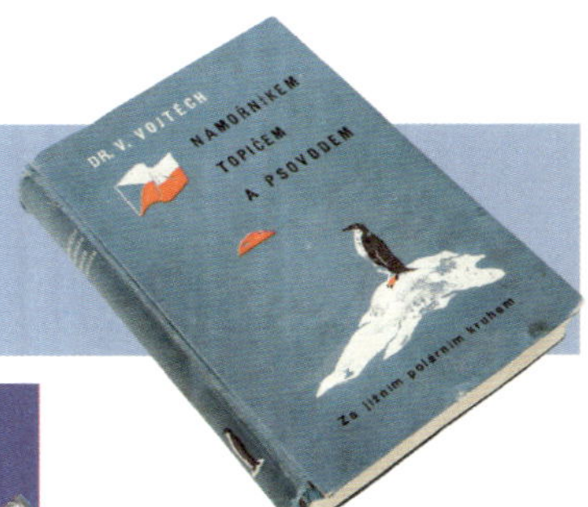

1959 남극 조약이 체결되다. 만세!

1979 11월 28일에 뉴질랜드 비행기가 남극의 화산인 에레버스산에 추락하다. 남극 관광 비행 중이었고, 비행기표 값은 약 359달러였다. 원래 세계 최초 에베레스트 정복자 에드먼드 힐러리도 탑승하기로 되어 있었으나 일정이 바빠서 취소했다. 비행기는 조종 실수로 화산에 추락했고, 탑승한 277명 전원이 사망했다. 남극 역사상 가장 큰 사고였다.

1982 남극 기지에서 벌어지는 일에 관한 공포영화 〈괴물(The Thing)〉이 극장에서 상영되다.

1989 독일인 아르베트 푹스와 이탈리아인 라인홀드 메스너가 걸어서 남극을 횡단하다. 그해 말에 철의 장막이 걷히고 베를린 장벽이 무너지며 유럽이 새로운 세계로 나아갈 때 두 사람은 남극에 있었다.

2002 이때부터 공식적인 남극기가 생기다. 깃발은 남극 조약 서명국 대표들이 골랐다. 남극기는 남극 조약을 상징하는 것이며, 남극 대륙을 상징하지 않는다.

2013 12월 8일, 아르헨티나 기지 카를리니돔에서 메탈리카 밴드의 공연 〈모두 얼려 버려!〉가 열리다. 홀에서 직접 공연을 본 사람은 남극 과학자들 약 120명이었고, 안에 들어가지 못한 사람은 밖에서 이어폰을 끼고 들었다. 메탈리카가 남극에서 공연한 최초의 밴드는 아니었다. 이들보다 앞선 2007년에 영국 기지 과학자들이 결성한 인디 록밴드 '누나타크'가 남극에서 공연을 했다.

2015 다양한 운영체계 버전의 남극 상징 이모티콘 탄생.

2016 1월 31일, 뮌헨 오페라하우스에서 체코 작곡가 미로슬라프 스른카와 호주 오페라 작가인 톰 할로웨이의 오페라 〈남극(South Pole)〉이 초연되다. 오페라는 아주 힘찬 노랫소리로 시작된다. 하지만 차츰 소리가 잦아들며 그 기세가 누그러진다. 이는 탐험대의 기진맥진한 상태를 음악뿐만 아니라 목소리로 표현해 내려는 창작자의 의도이다. 노르웨이 대원들 배역은 음색이 좀 더 극적이고 거친 바리톤이 맡아 노래했다. 긴장감 있고 섬세하고 얇은 소리의 테너가 영국 대원들을 표현했다. 로버트 스콧은 테너 롤란도 빌라존이, 로알 아문센은 바리톤 토마스 햄슨이 맡았다.

Trailer SOUTH POLE | Conductor: Kirill Petrenko

2016 케이프 어데어(Cape Adare)에서 과일 케이크가 발견되다. 그것은 스콧 탐험대 테라노바가 남겨 놓았던 것이라고 추정된다. 100년 넘게 추위 속에 보존되어 있었다. 유물보관 관리는 "처음에 봤을 때 모양과 냄새가 마치 새것 같았어요. 가까이 다가가니 그때야 버터 상한 냄새가 났어요"라고 말했다.

2018 10월 9일, 남극 땅 최초의 살인미수 사건이 발생하다. 러시아 벨링스하우젠 기지에서 일어났다. 전기공인 사비츠키(54)가 점심시간에 두 살 아래의 용접공 벨로그조프를 칼로 찔렀다. 자신이 읽는 책의 결말을 늘 미리 말해 버린다는 이유 때문이었다. 벨로그조프는 중상을 입었으나 목숨은 건졌다.

남극에서는 실제 필요한 만큼의 물고기 외에는 어떤 사냥도 금지된다. 애완동물을 데려와서도 안 되며, 남극 생태계에 속하지 않는 것은 모두 반입이 불가능하다. 규칙은 엄격하게 적용된다. 구두창에 묻어서 온 씨앗이 남극에 뿌리를 내리는 경우도 생기지 않게 철저히 감시한다. 현재 생태계의 균형이 깨지지 않도록 하는 보호조치이다. 외래종의 동식물이 남극 자연에 뿌리를 내려 고유종을 몰아낼 수 있기 때문이다. 그런데 이것은 인간에게도 적용해야 하는 이야기 아닐까? 종종 전혀 아름답지 않은 계획으로 온 세상을 뒤집어 놓는 게 인간 아니던가!

플라스틱 시대

남극은 지구 날씨에 영향을 준다. 마찬가지로 지구 반대편에서 일어나는 일이 남극 대륙에 영향을 줄 수도 있다. 바다는 인간이 버린 쓰레기로 가득 차 있다. 현재 1억 5천만 톤이 넘는 플라스틱이 바다를 떠다니고 있다. 페트병은 분해되는 데 100년이 걸린다고 한다. 즉, 그렇게 오랜 시간 바다는 오염된 상태로 있게 된다는 뜻이다. 그런데 플라스틱이 대부분 점차 아주 작은 조각, 즉 미세플라스틱으로 부서지는 게 더 큰 문제이다. 미세플라스틱은 너무 작아서 우리 눈으로는 확인이 안 되지만, 우리가 먹는 물이나 고기 같은 식품에 들어 있다. 알지 못하는 사이에 우리는 플라스틱을 먹고 마신다. 2019년에 인간이 들어갈 수 있는 가장 깊은 바닷속에 잠수하는 데 성공했다. 수심 10,927m였다. 그런데 놀랍게도 그곳에서 비닐백과 사탕 포장지가 발견되었다. 인간이 버린 쓰레기가 인간이 아직 가 보지도 못한 곳에 먼저 가 있었다.

무엇을 해야 할까?

쓰레기를 자원으로 사용할 방법이 있을까? 네덜란드인 부부, 에드윈과 리스베스 테르 벨데는 플라스틱 폐기물로 아주 특별한 것을 해 보려는 계획을 세웠다. 재활용 가능성을 보여 주기 위해서였다. 세계에는 약 80억 톤의 플라스틱이 있고, 그중 70억 톤이 쓰레기가 되는 상황이니 고민해 볼 만한 일 아닌가! 부부는 자신들과 비슷한 생각을 하는 지지자 몇 사람과 함께 3D 프린터용 필라멘트를 만들었다. 그런 다음 3D 프린터를 사용해 가볍고 강한 플라스틱 조각들을 출력했고, 그것으로 좀 귀여워 보이는 트레일러를 제작했다. 그들은 이것이 폐기물 재활용 가능성의 새로운 길이 되리라는 걸 입증하기 위해 트레일러를 갖고 남극으로 가기로 했다. 남극으로 가는 이유는 세상에는 극한의 상황에서 새로운 기술을 실험할 수 있는 장소가 많지 않기 때문이었다. 트레일러의 이름은 '태양 여행자(Solar Voyager)'이며, 무게는 1,485kg, 길이는 16m, 최고 속도는 시속 8km이다. 태양열로 움직이는 친환경 차량이다. 그리고 특수 펌프가 달려 있어 눈으로 마실 물을 만든다. 태양 여행자는 2018년 12월 12일에 남극에 도착했다.

트레일러 '태양 여행자'

인간이 남긴 흔적

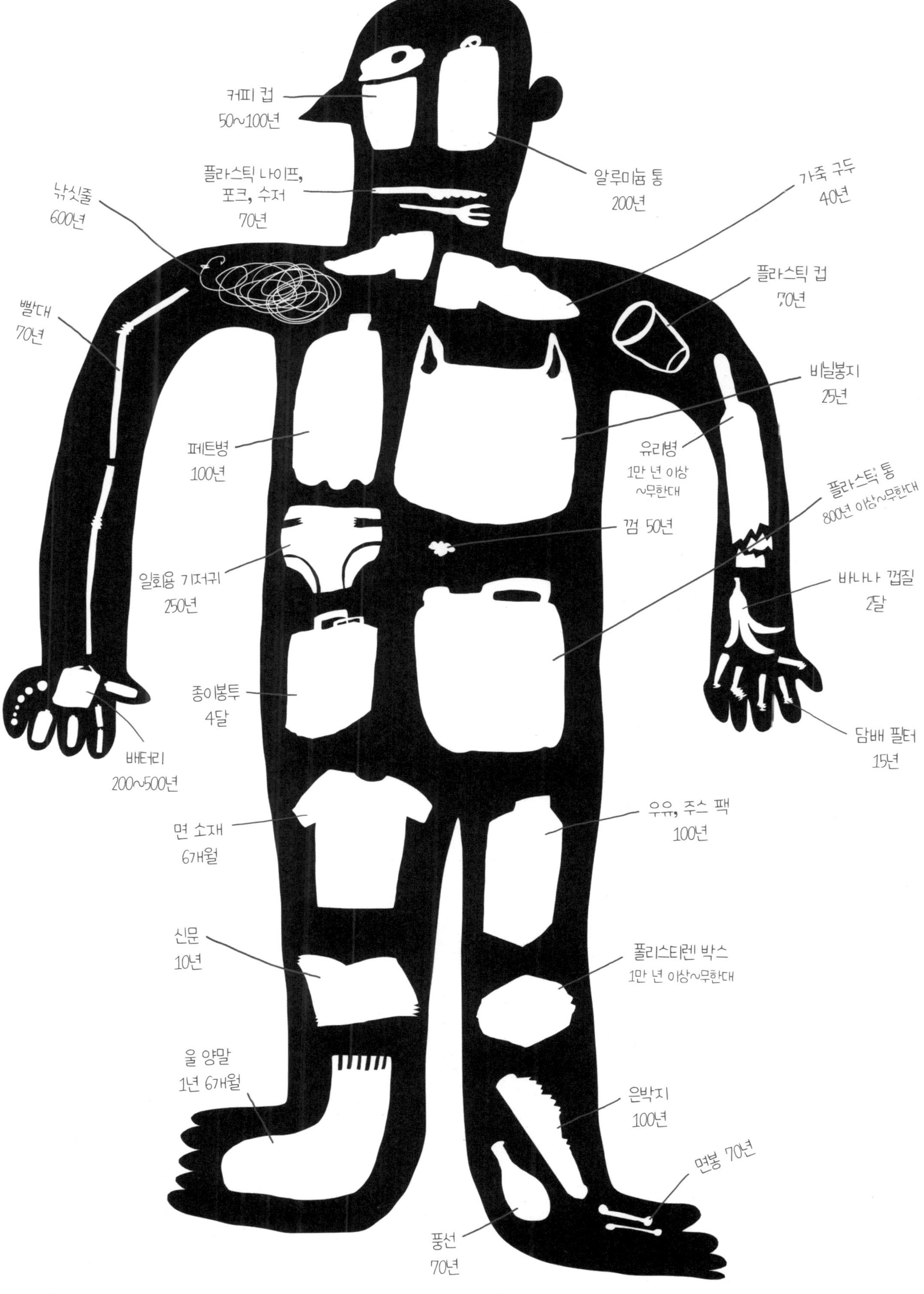

커피 컵 50~100년
알루미늄 통 200년
플라스틱 나이프, 포크, 수저 70년
가죽 구두 40년
낚싯줄 600년
플라스틱 컵 70년
빨대 70년
비닐봉지 25년
페트병 100년
유리병 1만 년 이상~무한대
플라스틱 통 800년 이상~무한대
껌 50년
일회용 기저귀 250년
바나나 껍질 2달
종이봉투 4달
담배 필터 15년
배터리 200~500년
우유, 주스 팩 100년
면 소재 6개월
신문 10년
폴리스티렌 박스 1만 년 이상~무한대
울 양말 1년 6개월
은박지 100년
면봉 70년
풍선 70년

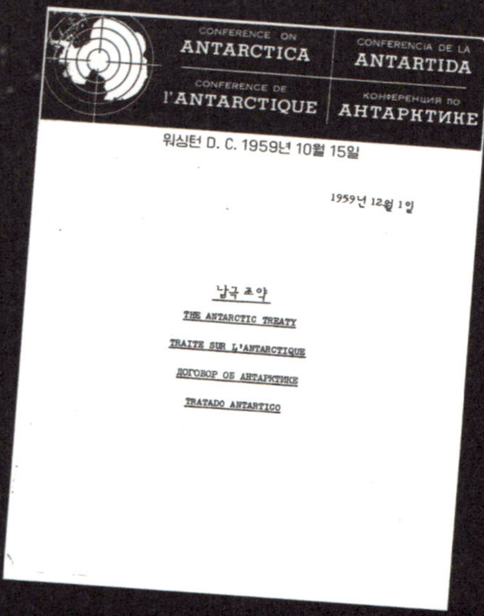

CONFERENCE ON
ANTARCTICA

CONFERENCIA DE LA
ANTARTIDA

CONFERENCE DE
l'ANTARCTIQUE

КОНФЕРЕНЦИЯ ПО
АНТАРКТИКЕ

워싱턴 D. C. 1959년 10월 15일

1959년 12월 1일

남극 조약

THE ANTARCTIC TREATY

TRAITE SUR L'ANTARCTIQUE

ДОГОВОР ОБ АНТАРКТИКЕ

TRATADO ANTARTICO

남극 조약은 지구 모든 대륙에 아주 중요한 협약서인데, 이처럼 평범해 보인다.

1959년 12월 1일에 서명된 남극 조약은 아주 특별한 국제 조약이다. 현재까지 54개 나라가 가입했다. 이에 따라 남극은 국제법상의 지위를 가지며, 세계의 다른 곳과는 다른 이용 원칙이 정해졌다. 남극에서는 전쟁할 수 없다. 군사기지를 세울 수 없다. 어떤 형태의 군사 연습도 안 된다. 천연자원 채굴이 금지된다. 과학적 연구 활동의 자유가 보장되며, 연구 결과와 지식은 공유한다. 그것은 특정 국가의 비밀이 아니라 전 세계를 위한 것이다. 어떤 국가의 주권도 미치지 않으며 영토권도 주장하지 못한다. 이에 따라 남극에서는 어떤 국적의 소유자인지가 중요하지 않다. 남극에서는 모두가 지구인이다. 남극 조약은 2048년까지 유효하다. 남극에는 천연자원 매장지가 많다. 현재는 엄청난 채굴 비용 때문에 채굴하지 못하는 실정이다. 하지만 미래 기술로 채굴 비용이 낮아지거나 지하자원에 대한 수요가 더 높아진다면 어떤 상황이 벌어질까? 그래서 남극 조약이 계속 발효되도록 하는 게 중요하다. 또한 천연자원에 관한 생각이 지금과는 다르게 전환되어야 한다는 것도 중요하다. 인간만이 지구의 유일한 사용자가 아니며 지구의 자연은 자원 창고가 아니라는 인식을 모두가 가져야 한다.

남극 조약은 영어, 프랑스어, 스페인어, 러시아어 등 4개 국어로 되어 있다.

남극점에는 남극 조약에 처음 서명한 12개 나라의 국기가 꽂혀 있다. 그 가운데 거울로 된 구가 하나 서 있다. 그 거울에 주변 모습이 비친다. 전 세계의 모습을 반영하는 것으로 생각해 봐도 좋겠다. 우리가 직접 그것을 보지는 못할지라도 그것이 우리에게 무엇을 말해 주려는 것인지 짐작할 수 있을 것이다. 앞으로 지구에 어떤 일이 일어나며, 이에 인간이 행할 영향력이 무엇인지를 말해 준다. 지구의 운명은 우리의 손에 달려 있다. 지구는 인간의 집이다. 우리에게 다른 행성은 없다.

남극 조약

지구에는 사람이 가 보지 못한 곳이 이제 그리 많지 않다. 새롭게 발견할 곳이 더는 없을 것으로 보인다. 그래서 우리 앞에 몹시 힘든 과제가 생겼다. 세상을 그동안과는 다른 방식으로 바라보기. 그 방식으로 세상의 풍부함과 다양함, 그 모든 것을 잘 사용하는 법 배우기. 환경 쓰레기를 남기지 않고 천년 뒤에도 지구가 매력적인 곳으로 남아 있도록, 우리가 떠난 뒤에 후손들이 이용할 수 있도록, 우리가 할 수 있는 것 배우기.

이 선의 길이가 얼마나 될까? 짧을까? 만일 수천 미터 높이에서 선을 그리면 대단히 커 보일까?

남극에는 지구의 다른 곳과 비교해 볼 때 거리 측정에 도움을 주는 방향 표시 지점이 많지 않다. 측정할 것이 없을 때는 우리 자신이 측정기가 될 수 있다. 얼마나 큰지 작은지, 우리가 해낼 수 있는지 없는지 자기 자신에게만 의존해야 한다. 무한대에서 1km는 클까, 아니면 작을까? 그럼 1,000km는? 100만 km는? 남극 조약은 이곳에서 모두 평화롭게 협력하면서 인류의 문제를 해결하기 위해 함께 일할 수 있도록 보장해 준다. 한번 상상해 보자! 자신이 가진 생각의 잣대를 바꾸고 우리의 반대편에 있는 세상을 바라보자! 그러면 남반구에 있는 매력적인 대륙 남극뿐만 아니라 세계 어느 곳에서도 모든 사람이 인류 문제를 위해 평화롭게 협력하며 함께 일하는 모습을 상상할 수 있을 것이다.

크다는 것은 무엇인가?
멀다는 것은 무엇인가?
새로운 것은 어떤 것인가?
시간은 무엇인가?
늦다는 것은 무엇인가?
중요하다는 것은 무엇인가?

주변을 둘러보며 무엇이 보이는지 생각해 보자.
정말로 무엇이 보이는지….

SEE YOU
IN THE
FUTURE*
* 미래에 만납시다!

세종과학기지 위에 뜬 무지개.

세종과학기지에서 본 일출.

세종과학기지.

추천하는 말

남극에 관한 궁금증을 시원하게 풀어 주는 책

한 번쯤 가고 싶어 하지만 누구에게도 쉽게 허락하지 않는 특별한 곳, 누군가의 인생 버킷리스트에 '도전하고픈 곳'으로 꼭 들어 있을 것 같은 미지의 땅, 남극! 이곳에서 1년여(2019. 12. 2~2021. 1. 31) 동안 대한민국 남극세종과학기지 33차 월동연구대 기상대원으로 근무하며 남극을 있는 그대로 보고 느낄 수 있는 소중한 경험을 했다.

코로나 19로 답답한 하루하루를 보내는 지금, 마스크 없이 마음껏 즐기고 마셨던 남극의 맑고 깨끗한 공기, 날마다 다르고 새롭게 펼쳐지는 아름다운 자연 풍경, 친구 삼았던 기지 주변의 펭귄과 도둑갈매기(스쿠아), 해표, 물개 들이 눈에 선하다. 한 치 앞도 분간할 수 없게 만들던 남극의 눈보라(일명 '블리자드'), 강한 바람과 함께 찾아왔던 겨울 강추위는 우리를 더욱 힘들게 만들고 때로는 생명을 위협하기도 했으나 어느새 다시 보고픈 추억이 되었다.

세종기지에서 임무를 마치고 남극을 떠나온 지 6개월. 이 책을 보며 잠시 잊고 지냈던 그곳에서의 그리운 추억을 다시금 떠올릴 수 있었다. 남극에서 생활하는 동안 직접 보고 체험한 남극의 생생한 모습들을, 이 책에서는 사진과 그림, 글 등 다양한 방식으로 골고루 잘 담아 냈다. 펭귄과 고래, 빙산, 생물, 날씨 이야기를 읽고 있노라면 마치 다시 남극에 와 있는 듯한 느낌이 들 만큼 남극의 모든 것들이 담겨 있어 한동안 즐거운 추억에 잠길 수 있었다.

이뿐만 아니라 남극에 1년간 머물렀으나 알지 못했던 남극의 숨은 이야기들도 이 책을 읽으며 새롭게 알 수 있었다. 남극에 가기 전에 이 책을 읽었더라면 더 좋았겠다는 아쉬움이 남는다. 남극 탐험과 정복에 도전한 위대한 역사부터 그 과정에서 일어나 다양한 이야기들, 남극에서 살아가는 생물과 자연의 모습, 그리고 현재를 살아가는 우리에게 남극이 왜 중요한 곳인지를 일깨워 주는 이야기까지, 이 책은 독자들에게 남극에 관한 궁금증을 시원하게 풀어 줄 것이다.

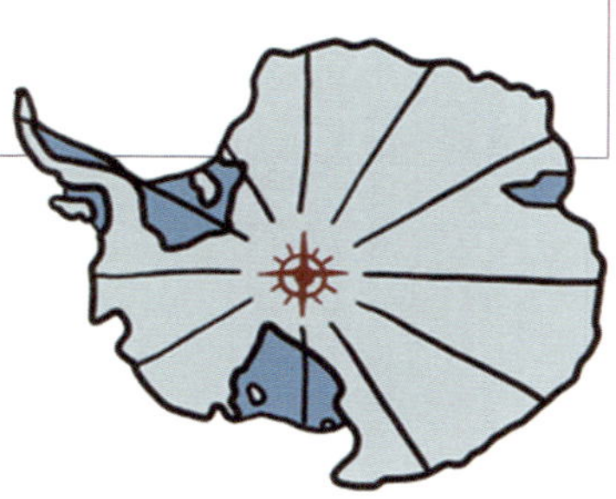

인간으로부터 안전하게 남극을 지키고 그곳에서 인류의 미래를 위해 여러 분야에서 알아내고자 하는 국제적 노력이

마리안 소만의 빙하.

빙산.

유빙과 펭귄.

계속되는 지금, 그만큼 남극을 알아가는 것은 인류에게 중요한 일이 되었다. 모두에게 쉽게 허락하지 않는 지구의 오랜 역사와 비밀을 고스란히 간직한 미지의 땅 남극에서 그곳의 비밀을 풀고 싶은 어린이, 인간의 손이 닿지 않은 광활한 대자연이 만들어 내는 눈부시게 아름다운 풍경과 하늘, 그곳의 주인인 다양한 생물, 과거 남극탐험대들의 가장 큰 장애물이었던 남극의 겨울과 얼음을 경험하고픈 어린이에게 이 책을 권한다.

다행히 우리나라는 남극에 2개의 과학기지(세종과학기지, 장보고과학기지)가 있어 남극에 대해 다양한 분야를 연구하는 연구자로서 또는 기지를 유지하는 기술자의 자격으로 그곳에 갈 수 있는 기회가 열려 있다. 이런 기회를 얻어 남극을 경험해 보고 좀 더 주의 깊게 살펴보고 싶은 독자들은 책꽂이에 꽂아 두고 보면 좋은 책이다.

지금 지구는 세계 곳곳에서 과거에 경험하지 못한 극심한 기상이변들이 우후죽순 벌어지며 몸살을 앓고 있다. 남극은 기후 변화에 가장 민감한 지역인데, 그곳에서 날씨 예보와 기상관측을 담당하면서 기후 변화 때문에 벌어지는 모습 몇 가지를 눈앞에서 볼 수 있었다.

먼저, 기지 앞바다에 떠다니는 유빙들이었다. 그 크기도 모양도 가

세종과학기지 앞을 지나가는 펭귄 행렬.

언 바다 위를 지나가는 펭귄 행렬.

꽁꽁 언 바다.

물개.

지각색이었는데, 이 유빙들은 끊임없이 밀려왔다. 문제는 이 유빙들이 수많은 시간 동안 꽁꽁 얼어 있던 빙벽에서 녹아 떨어져 나온다는 사실이다. 말로만 듣던 기후 변화의 심각한 결과를 1년 내내 목격한 셈이었다. 이는 비단 세종기지 주변의 현상만은 아니었다.

2020년 2월 6일, 남극반도 북단에 있는 아르헨티나의 에스페란자 연구소에서 측정한 온도가 섭씨 18.3℃였는데, 이는 남극의 역대 최고온도였다. 비공식이지만, 같은 해 2월 10일 남극 북단 시모어섬의 마림비오 연구기지에서 20.75℃까지도 측정되기도 했다. 세종기지도 같은 시기에 8~9℃를 기록했다. 물론 남극대륙에서 비교적 따뜻한 해안가 지역(남극 북단)에 있기는 하나 그래도 남극인데 이런 기온이 말이 되나 싶었다.

2020년 여름, 남극에 비가 자주 오면서 눈이 없는 세종기지 주변의 모습과 흙 범벅이 된 펭귄의 모습이 화제가 되었다. 기후 변화에 관한 관심이 고조되면서 언론과 인터뷰를 하기도 했다. 그때 현장의 모습을 생생히 전하면서, 기후 변화의 속도를 조금은 늦출 수 있는 생활 속 작은 실천을 강조했다. 이 책은 이렇듯 남극을 '우리와는 상관없는 머나먼 곳'이 아니라 '우리가 지켜야 할 소중한 곳'이라는 사실을 알려 준다.

저자는 위대한 탐험가 섀클턴의 이야기를 들려주며 "주의 깊게 살펴보지 않는다면 아무것도 발견하지 못한다. 하물며 특별한 것은 절대 보지 못한다"라는 사실을 일깨워 준다. 우리 삶의 주변과 우리가 가는 길에 주의를 기울일 때 많은 것을 배울 수 있다는 사실도 잊지 말자.

이원길(전 남극세종과학기지 월동연구대 기상대원)

세종과학기지 앞바다.

76~78쪽 사진ⓒ이원길

여러 사람의 도움이 없었다면 이 책은 출간되지 못했을 것이다. 그분들께 감사드린다.

신뢰와 너그러움을 베풀어 준 한스 코흐,
남극에 대한 영감을 불러일으켜 준 야르다 파블리체크,
나와 함께 이 여정을 함께해 준 이르카, 야힘, 올리버,
남극에 나를 데려가 준 아르카 뎅크 선장님,
인내심을 갖고 초보자들과 함께해 준 코사크, 페트르, 혼자 대원,
그리고 영감을 주는 통찰력을 제공한 미로슬라프 스른카,
마지막으로 전문적인 논평을 해 준 체코과학아카데미의 에바 세모타나,
마사리크 대학의 체코 남극연구원장 다니엘 니블트,
순환경제연구소 라우라 미트롤리오소바와 프란티세크 마르치크,
그 외 다른 많은 사람에게 감사드린다.

글과 삽화: 다비드 뵘
편집: 온드르제이 부데우스
출판: 온드르제이 카발리르
그래픽 디자인: 슈테판 말로베츠
펭귄 인형 작업: 디타 라코우스타(블로그 dr.Laborator, dr-laborator.blogspot.com)
11쪽 지도: 체코국립도서관 분류번호 19 A 12, fol. 2v.
16~17쪽 지도: 페트르 두샤네크
42~43, 28~31, 44~45, 56~59쪽 모형 사진: 파벨 호라크
36~39쪽 만화: 이르지 프란타

글 · 삽화 **다비드 뵘(David Böhm)**

프라하 미술아카데미를 졸업했다. 이르카 프란타와 공연, 설치 및 대형 드로잉 작업을 함께한다. 그의 작품은 프라하뿐만 아니라 뉴욕, 베를린, 키예프 및 여러 도시의 갤러리에서 전시되었다. 그는 마그네시아 상, 올해의 가장 아름다운 책 등을 비롯해 권위 있는 여러 상을 받았다. 『남극, 어디까지 알고 있니?(A jako Antarktida)』는 독일 청소년문학상(논픽션 부문), 독일 청소년을 위한 최고의 책 7, 독일 '이달의 자연과학도서', 체코 마그네시아 상 등 여러 상을 받았으며, 세계 여러 나라에서 번역 출간되었다.

옮긴이 **김경옥**

이화여자대학교에서 영어영문학을 공부했고, 오스트리아 빈 대학교에서 체코어를 전공하고 언어학 박사학위를 받았다. 지금은 한국외국어대학교에서 학생들을 가르치고 있다. 체코어를 우리말로 옮긴 어린이 책으로 『대장간 골목』, 『아이와 비』, 『멋진 화요일』, 『피노키오, 어쩌면 모두 지어낸 이야기』 등이 있다.

남극, 어디까지 알고 있니?

1판 1쇄 인쇄 2021년 10월 23일
1판 1쇄 발행 2021년 10월 28일

글 · 삽화	다비드 뵘
옮긴이	김경옥
펴낸이	조추자
펴낸곳	두레아이들
등록	2002년 4월 26일 제10-2365호
주소	(04075)서울시 마포구 독막로 100 세방글로벌시티 603호
전화	02)702-2119(영업), 703-8781(편집), 02)715-9420(팩스)
이메일 · 블로그	dourei@chol.com | blog.naver.com/dourei

• 책값은 뒤표지에 적혀 있습니다. 잘못 만들어진 책은 구입하신 곳에서 바꾸어 드립니다.

ISBN 979-11-91007-10-7 73850